해외
주식
투자의
정석

해외 주식 투자의 정석

잠든 사이 돈 벌어주는
해외 주식에 베팅하라!

황호봉 지음

원앤원북스

해외 주식투자도
정석은 따로 있다

운용역이 되고 나서 지인들과 만날 때면 빠지지 않고 나오는 이야 깃거리가 있다. 바로 투자에 관한 이야기다. 물론 과거 필자가 상사 맨, 은행원이었을 때도 사람들과 자주 교류하며 이야기 나누던 소 재였지만, 운용역이 되고 난 뒤에는 투자에 관한 이야기를 더 활발 히 하게 되었다. 예의 회사와 아이들 이야기가 끝나면 여지없이 글 로벌 시장과 투자 이야기가 이어졌다. 물론 투자에 성공한 사람에 대한 이야기도 화두에 포함되었다.

사실 5만 원권 지폐가 돌상에 놓일 만큼 재물에 대한 우리의 관 심은 타의 추종을 불허한다. 태어날 때부터 은퇴할 때까지, 아니 죽는 그 순간까지 계속되는 부분이다. 그렇게 부와 관련된 고민은 가난하든 부유하든 평생 우리의 머릿속을 떠나지 않는다. 그래서일까? 지인뿐만 아니라 필자의 직업을 알게 된 사람이면 여지없이 화제를 투자 쪽으로 돌리기 일쑤다. 그때마다 필자의 일이 일인 만큼 이런 주제를 나 몰라라 할 수 없어 투자에 대한 개인적인 생각과 철학을 적극 개진해왔다.

그런데 놀라운 건 투자에 대한 관심은 있지만 대부분 '어떻게'는 외면한 채 '어디'와 '수익'에만 집중한다는 점이다. 어디에 투자를 해야 하는지, 해당 투자로 얼마나 수익을 낼 수 있는지에 대한 부분에만 관심을 가진다. 심지어 돈을 많이 번 사람들을 이야기할 때면 자산의 규모에만 관심이 있고, 그들이 구체적으로 어떻게 돈을 벌게 되었는지에 대해서는 무관심하다. 처음에는 그러한 사고방식을 잘 이해할 수 없었다. 그러다 문득 어쩌면 무관심한 것이 아니라 관심을 쏟는 방법을 모르는 것 같다는 생각이 들었다.

사람들은 정주영 회장의 일대기나 이건희 회장의 자서전을 읽으면서 그들이 어떻게 거부가 되었는지 몹시 궁금해 한다. 큰 사업을 일구어 돈을 많이 번 사람들이 어떻게 살아왔는지 궁금해 하고 닮고자 노력하기도 한다. 이러한 기업가들의 이야기를 읽고 들으며 인생의 큰 그림, 즉 분명한 삶의 목표를 견지하며 살아가야 한다고 생각한다. 하지만 정작 내일이라도 당장 실천할 수 있는 투자를 위한 노력과 투자 방법에 대한 고민은 제대로 시작하지 않는다. 아니, 어쩌면 그런 기회조차 없었던 것이 아닌가 생각해본다.

샐러리맨이 되기 위해 불철주야 노력하는 대학생들, 한 달에 한 번 얼굴 보기도 힘든 딸과의 약속을 미뤄두고 거래처 직원과 소주를 기울이는 아버지들, 일과 양육 2마리 토끼를 잡기 위해 고군분투하는 워킹맘들에게 투자 이야기를 해봤자 귀에 들어갈 리 만무하다. 시간에 쫓기고 삶에 치이기 때문에 그저 종목과 투자처, 기대 수익 등 짧고 굵은 답만을 바라게 되는 것이다.

문득 출퇴근 시간에 지하철에서 바삐 움직이는 사람들을 보며 이런 생각을 했다. '만약 저렇게 물리적으로 정신적으로 쫓기는 사람들에게 왜 그 바쁜 시간에 내 책을 봐야 하는지 설명해야 한다면 어떻게 말해야 할까? 어떻게 그들이 이해할 수 있도록 설명할 수 있을까?' 아마 그런 기회가 주어진다면 필자는 다소 냉정할지라도 은퇴 후에 폐지를 줍고 싶지 않다면 이 책을 통해 어떻게 투자를 하고 자산관리를 해야 하는지 알아야 한다고 말했을 것이다. 또한 돈을 남보다 많이 벌고 있는 사람들도 이 책을 통해 자산관리 노하우를 공부해야 한다고 힘주어 주장했을 것이다.

부동산도 좋고, 단일 종목을 발굴하는 방법도 좋다. 60세에 정년 퇴임을 해 받은 퇴직금과 모아둔 적금으로 100세까지 40년을 버티려면 본인만의 투자 방법을 고민할 필요가 있다. 또는 더 나아가 퇴직 이후 남은 40년을 새롭게 시작할 수 있는 밑거름, 즉 시드머니를 만들 수 있는 방법을 찾아보라는 의미다. 80세에 통장에 잔고한 푼 없이 국민연금만을 기다리며 사는 삶은 누구도 바라지 않을 테니 말이다.

필자는 미래를 대비하기 위한 해답을 해외 주식투자에서 찾고자 했다. 물고기를 제공받는 방식을 지양하고 어떻게 하면 물고기가 많은 어장으로 직접 걸어갈 수 있는지에 대한 폭넓고 거시적인 고민의 결과였다. 물론 국내 주식도 유망하지만 외국인의 영향력이 코스피지수를 좌지우지하는 현재의 상황이나 글로벌화의 진행 정도를 봤을 때, 국내 주식도 해외 주식의 일부라 생각하고 투자하는 것이 합리적이라 판단했다. 결국 해외 주식투자에 대한 안목을 길러야 국내 주식도 잘할 수 있는 시대가 도래한 것이다. 특히 이 책에서 소개할 스타일 분석(Style Investing) 방법과 핵심-위성(Core-Satellite) 전략을 활용한 지역적 자산배분 방법은 해외 주식투자를 '어떻게' 해야 하는지에 대한 해답을 제시할 것이다.

참고로 이 책에서 단일 종목에 대한 언급을 피한 이유는 개인적인 철학과 연관이 깊다. 넓고 크게 보는 안목, 즉 거시경제에 대한 확신과 시장의 방향성에 대한 개인적인 소신이 없으면 '10년 뒤에 100배는 오를 주식' 같은 건 아무리 알아봐야 소용없다는 생각 때문이다. 알아도 중간에 버티지 못하고 매도할 확률이 100%다. 그래서 투자는 철학이 우선이고, 무엇보다 과정이 튼튼해야 성공한다고 생각한다. 다시 말해 무작정 주식 종목을 고르기보다는 큰 흐름을 볼 수 있는 안목부터 길러야 한다는 뜻이다.

투자 자산의 종류에 대한 주제에서도 방법론에 치중했다. 필자는 여러 해외 주식투자 자산 중 펀드를 가장 선호한다. 필자 스스로가 펀드를 운용한 경험이 있기 때문에 그렇기도 하고, 투자자 입장에서 봤을 때 펀드가 다른 자산보다 장기 운용에 더 적합하다고 판단했기 때문이다. ETF(Exchange Traded Fund)는 주식과 유사해 섣부른 결정을 내리기 쉽고, 파생결합증권 등의 상품은 단순히 예금과 유사하게 생각하는 경우가 많아 안목을 기르기에 역부족이다. 결국 펀드가 가장 좋은 옵션인데, 그래서 좋은 펀드를 고르기 위한 운용사 선정 방법과 펀드 선별 방법에 대한 나름의 노하우를 이 책에 담았다. 또한 해외 펀드에 가입할 때 알아두면 좋을 팁과 최근 변동성이 큰 장에서 유난히(?) 선방하는 것처럼 보이는 헤지펀드에 대한 내용도 짧게나마 언급했다.

다만 필자는 '이것이 정답'이라는 자세는 지양하려고 노력했다. 투자라는 건 정답이 없고 설사 정답이 있다 해도 그것은 해당 투자자와 해당 시점에 국한된 것이기 때문이다. 시간이 지나 시장의 상황이 변하고, 조건이 전혀 다른 투자자가 차용해 활용한다면 결과가 달라질 수밖에 없다. 만약 투자에 정답이 존재한다면 '부동산으로 100억 원 벌었다'라는 식의 책들이 날개 돋친 듯 팔리는 요즘엔 100억대 자산가가 밀물처럼 쏟아져 나왔을 것이다. 그래서 먼저 함께 고민할 수 있는 화두를 제시하고 필자의 의견과 경험을 풀어놓는 식으로 책을 구성했다. 애써 결과까지 증명하며 '이렇게 하니 이만큼 벌었다'라는 식으로 접근하지 않았다. 또한 어떤 펀드가 지금 좋고 어떤 종류의 주식이 지금 좋다는 답안도 제시하지 않았다. 시장을 통찰하는 혜안을 키우기 위해서는 마치 수학 문제를 풀듯이 혼자 끊임없이 연구하고 헤쳐나가야 하기 때문이다. 그래야 정년퇴임 이후에 망망대해와 같은 100세 시대를 살아갈 수 있다.

많은 이들이 투자에 대한 방법과 과정 그리고 순서에 대한 노력을 간과하고 있다. 물론 필자 역시 간혹 이런 일련의 과정에 소홀해질 때가 있다. 하지만 주식 몇 개를 골라내 재무제표를 살펴보는 정도나 어느 지역의 아파트가 뜰 것 같고 청약을 어떻게 넣어야 하는지에 대한 궁금증을 해소하는 것만으로 진정 투자의 '어떻게'를 다 설명할 수 있을까? 정말 싫겠지만 학창 시절에 지겹게 보았던 『수학의 정석』을 떠올려보자. 딱딱한 하드커버를 넘기면 예상대로 개념에 대한 내용 정리가 나오고, 중간중간 응용 노하우가 나온다. 그리고 난이도가 상대적으로 낮은 연습문제를 비롯해 난이도가 제법 있는 단원 정리 문제가 이어진다. 지금 투자자들의 현실은『수학의 정석』1단원에 나오는 '집합'에 머물러 있는 상태다. 그런데 집합의 개념을 정리한 내용은 보지 않고 연습문제만 달달 외우고 있으니 문제가 터진다. 물론 좀 더 나은 투자자들은 그 뒤에 나오는 '명제'나 '방정식' 단원 정도의 문제를 풀 수도 있다. 하지만 과연 이렇게 해서 수능에서 좋은 점수를 낼 수 있을까?

해외 주식투자도 마찬가지다. 단언컨대 해외 주식투자도 정석은 따로 있다. 우직하게 모든 개념을 익히지 않으면 실전에서 쓴맛을 볼 것이다. 그렇기 때문에 요행을 바라서는 안 된다. 거듭 강조하지만 필자는 시장을 이해하고, 투자 철학을 세우는 과정에 충실해야 한다고 믿는다. 과정에 충실하지 않고서 어쩌다 운 좋게 나타난 결과는 모래성과 같다. 요행으로 번 돈은 분명 작은 리스크에 크게 무너지게 되어 있다. 노력한 만큼 보상받는 것은 분야를 막론하고 진리다. 요행을 바라지 말고 노력 없이 얻은 결과에 안주하지 말자.

끝으로 필자의 생각을 많은 이들과 공유할 수 있도록 도움을 준 원앤원북스 출판사에 감사의 인사를 전한다. 그리고 필자를 운용업계로 이끌어준 서호창 상무님(전 골드먼삭스그룹 자산운용 마케팅 상무), 늘 필자에게 좋은 인사이트를 주는 우리은행 김천덕 투자상품 팀장님과 ISA일임운용 팀원들에게도 감사의 인사를 전한다. 이 책의 감수를 맡아준 미래에셋자산운용 김승범 팀장님과 흥국자산운용 변귀영 팀장님께도 깊은 감사의 마음을 전한다. 마지막으로 사랑하는 지우와 연우, 끊임없는 자기계발로 매일 남편을 놀라게 하는 아내 경민, 아들의 뜻을 위해서라면 어떠한 지원도 아끼지 않으시는 부모님, 곧 강단에 서게 될 동생 유현에게 감사의 뜻을 전한다.

황호봉

차례

1장 ─ 해외 주식투자의 첫걸음

2장 ── 시장을 통찰하면 돈 되는 해외 기업이 보인다

3장 ── 해외 주식 포트폴리오 구성 및 스타일 전략

리스크 없는 투자는 없다.
하지만 원칙과 순서를 견지하고,
시장에 발 빠르게 대응한다면
리스크를 최소화할 수 있다.

실수를 피하기 위한 가장 좋은 방법은
투자를 안 하는 것이다.
그러나 그것이야말로 가장 큰 실수다.

• 피터 린치(Peter Lynch) •

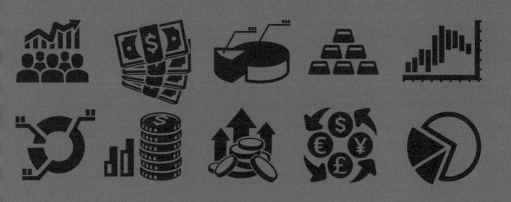

1장

해외 주식투자의
첫걸음

해외 주식 시장으로
눈을 돌리는 투자자들

접근성 하나만 보고 국내 주식에 투자하는 시대는 끝났다. 눈을 세계로 돌려 해외 주식 시장에 투자해야 한다.

한국 주식이 힘찬 상승세를 보였던 2017년에는 대부분의 투자자들이 콧노래를 부르던 축제 분위기였다. 물론 그 와중에도 손실을 보는 사람이 있었지만 한국 주식에 투자한 투자자들은 대부분 우상향하는 종목을 바라보며 승리감에 취해 있었다. 종종 나타난 변동성에도 불구하고 다시 반등해 상승할 것이라는 기대를 저버리지 않았다. 그러나 알다시피 2018년에 접어들어 코스피지수는 큰 폭으로 하락했다.

사실 몇 해 전만 해도 국내 주식에 대한 기대치는 바닥이었다. 아니, 아예 없었다고 해도 좋을 것이다. 국내 주식을 운용하는 주식

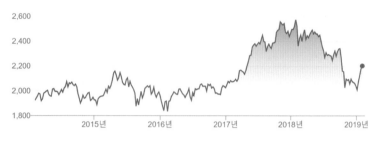

▶ 코스피지수 동향

2,600
2,400
2,200
2,000
1,800

2015년   2016년   2017년   2018년   2019년

자료: 구글

매니저들은 반도체 가격의 상승폭이 심상치 않다며 조심스럽게 운을 떼고는 했지만, 5년간 박스피(일정 수치 이상 등락하지 않는 코스피를 가리키는 말)라는 오명을 가지고 있던 코스피를 두고 감히 3,000pt를 돌파할 것이라 예측하는 것조차 어불성설이었다. 오히려 코스닥의 잡주가 더 주목을 받고는 했다. 그만큼 국내 주식에 대한 기대치와 신뢰도는 낮았다.

투자 시장에 찾아온 변화

발 빠른 투자자들은 이미 2013년부터 해외 시장으로 눈을 돌렸다. 2008년에 글로벌 금융위기로 많은 손해를 본 투자자들은 5년이

지난 2013년에서야 해외 투자에 '작은 관심'이나마 갖기 시작했다. 사실상 미국이 완전 회복세에 들어선 2016~2017년을 기준으로 본다면 '결심'의 단계에 들어서기까지 거의 10년이 걸린 셈이다.

필자가 안정된 은행을 떠나 자산운용 필드에 뛰어든 2013년, 당시 여의도의 한 운용사에서 바라본 투자 시장은 실로 어수선함 그 자체였다. 국내 시장에 지칠 대로 지친 투자자들 앞에서 언제나 앵무새처럼 "Buy!"를 외치는 애널리스트들, 국내 시장에서 희망을 찾지 못하고 업계를 떠나는 펀드매니저들, 어수선한 와중에 출범한 한국식 헤지펀드, 테이퍼링(Tapering)[1]이라는 단어의 등장으로 등락을 거듭한 미국 투자 펀드에 대한 우려 등 국내 주식형펀드가 모든 이야기의 주를 이루었던 과거와는 확연히 다른 모습이었다. 자산운용사 내 핵심으로 불리는 '국내 주식매니저'의 위상에 변화가 있을 수도 있겠다는 조심스러운 생각도 들었다.

많은 투자자들이 이러한 변화를 이미 받아들이기 시작했는지도 모른다. 국내 투자 시장을 움직이는 대형 증권사와 은행의 분기별 추천 펀드, 신탁 상품의 구성을 보면 국내 주식형펀드와 채권형펀드, 주식에 대한 코멘트의 비중이 현격히 줄어든 모습을 찾아볼 수 있다. 단언컨대 이 글을 읽고 있는 독자가 책을 덮고 주변 증권사

---

[1] 연방준비제도(FED)에서 글로벌 금융위기 이후 실시한 양적완화 정책의 규모를 축소하는 정책. 출구 전략의 일종으로, '끝이 뾰족해지다'라는 단어의 뜻은 점진적으로 채권 매입 규모를 줄여간다는 정책의 성격을 반영한 것이다. 2013년 5월 연방준비제도이사회(FRB) 벤 버냉키 의장이 이 정책을 사용했다.

뉴욕증권거래소의 모습. 국내 투자가 '접근성' 이외의 어떤 매력 포인트가 있는지 고민해봐야 한다.

나 은행에 찾아가 투자처를 묻는다면 십중팔구 해외 투자를 권유받을 것이다. 코스피, 코스닥을 포함한 국내 투자가 자국 투자자들에게 '접근성' 이외의 어떤 매력 포인트가 있는지 고민해봐도 답은 쉽게 찾을 수 있다.

"만약 은행, 증권사 PB가 해외 시장 또는 해외 기업에 대해 국내 시장처럼 빠삭하게 잘 알고 있고, 정확하게 설명해준다면?", "아주 쉽게 미국과 중국의 시장 분석 자료를 찾아볼 수 있다면?", "내가 투자한 해외 기업의 정보 및 이벤트가 한글로 번역되어 아침마다 도착한다면?" 이렇게 스스로에게 질문을 던져보자. 과연 코스피를 지금처럼 눈여겨볼까?

그런데 지금 이와 같은 일들을 우리나라의 훌륭한 금융기관들이 앞다투어 시작했고, 머지않아 매우 활성화될 것으로 보인다. 그래서 벌써부터 눈을 세계로 돌려 한발 앞서가는 투자자들이 많다. 국내 투자자들에게 코스피, 코스닥만을 유망한 투자처로 제시하기에는 세상이 너무 커져버린 것이다. 심지어 조금만 부지런하면 누구나 전문가의 도움 없이 비대면으로 정보를 얻을 수 있는 세상이다. 더 이상 접근성 하나만 보고 국내에 투자할 필요가 없어진 것이다.

해외 투자를 하고 싶어도 제대로 할 수 없는 이유

투자자들이 손실을 보는 이유는 투자에 있어 가장 중요한 요소를 처음부터 놓치고 있기 때문이다.

지금의 투자 시장은 어떤가? 국내 투자의 유망함을 역설하는 전문가는 있지만 해외 투자를 부정하는 이는 없다. '자산배분', '글로벌 투자'라는 생소했던 단어들도 이제는 친숙하다 못해 누구나 알고 있는 재테크 용어처럼 느껴진다. 그럼에도 불구하고 투자자들에게 "해외 투자에 대해 얼마나 아는가?"라는 질문을 던지면 명쾌한 답변을 듣기가 어렵다. 간혹 해외 투자에 대해 물으면 그 정의에 대해 "애플, 구글, 스타벅스 등에 투자하는 행위"라고 또박또박 답을 하는 훌륭한 사례도 목격하긴 한다. 하지만 좀 더 깊이 들어가 "그럼 해외 투자로 돈을 벌었나?"라고 질문하면 중국 펀드로 원금을 잃은 이야기, 원유에 투자해 크게 손실을 본 이야기 등을 쏟아낸다. 물론 확고한 투자 철학을 견지해 꾸준히 수익을 내는 투자자도 있지만 이는 소수에 불과하다.

왜 손실을 보는 경우가 많을까?

비단 개인 투자자뿐만이 아니다. 일선 시중 은행과 대형 증권사의 PB들도 마찬가지다. 실제로 투자 세미나를 진행해보면 거시경제와 기업 실적, 밸류에이션[2] 등에 대해 날카로운 질문들을 쏟아내는 사람들이 있다. 하지만 세미나를 끝내고 나가는 필자를 붙잡고서 하는 질문들은 일반 투자자와 별다를 바가 없다. 7~8년째 브릭스 펀드(브릭스 4개국의 주식이나 채권에 투자하는 펀드)에 묶여 난처한 상황에 빠진 고객 이야기, 중국에서 손실을 본 고객에 대한 걱정, 러시아와 인도 펀드에 대한 원론적인 궁금증 등이 대표적이다.

브릭스 펀드는 최근 브라질의 정치적 리스크가 완화되어 브라질 증시가 급등세를 보이면서 10년 만에 반등하기도 했다. 하지만 브라질, 러시아, 인도, 중국의 주가 지표를 합쳐 고안된 브릭스지수를

---

2 애널리스트가 현재 기업의 가치를 판단해 적정 주가를 산정해내는 기업 가치 평가다.

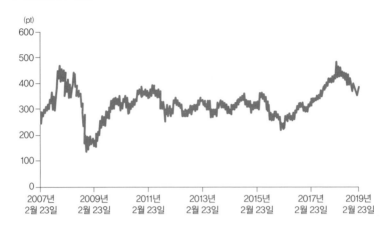

▶ 브릭스지수 성과

자료: 블룸버그

기준으로 브릭스 주식의 가치 수준을 살펴보면 한참 붐을 일으켜 자금을 모집했던 2007년 수준을 넘어서지 못하고 있는 것을 알 수 있다.

왜 이러한 사단이 일어났을까? 정보의 홍수 속에 살고 있고, 해외여행도 자주 가는 시대에 해외 시장을 모르기 때문이라는 말은 설득력이 떨어진다. 아무리 고민을 해봐도 답을 내기 어려운 문제다. 필자는 투자자들이 투자에 있어 가장 중요한 요소를 처음부터 놓치고 있기 때문이라고 생각한다. 그렇지 않고서는 나타날 수 없는 일이다. 투자에는 순서가 있는데 그저 '친숙한 것'을 '아는 것'이라 착각하고 이를 지키지 않았기 때문이다. 하지만 필자는 이러한 문제점에 대해 투자자들의 책임이 아니라고 단호하게 말하고 싶다.

그 누구도 해외 투자에 대해 제대로 된 정보를 대중에게 전달한 적이 없다. 실질적인 투자 방법에 대해 언급한 사례도 없다. 학부 과정이나 자격증 수험서에서 배운 재무관리, 자산관리 이론이 쓸모없다는 뜻이 아니다. 그저 이론과 실전의 갭이 너무 커 벌어진 문제다. 해외 시장은 고려해야 할 범위가 너무 넓고, 자산과 상품의 종류도 국내 시장보다 훨씬 많다. 또한 은행과 증권사 등의 금융상품 판매 기관은 한국 시장보다 수백 배, 수천 배가 큰 자본 시장으로 나가야 돈을 벌 수 있다고 역설하면서도 정작 '어떻게'라는 근본적인 물음에는 답하지 않는다. '나를 믿고 따르라!'라는 식의 일방적인 마케팅만 고집한다. 이는 결국 투자자들에게 '묻지마 투자'를 강요하는 것과 같다.

따라서 필자는 글로벌 투자에 대한 해답을 '어떻게'라는 관점에서 논하고 싶다. 흔히 우리가 알고 있고, 책에서 쉽게 찾아볼 수 있는 이론적인 배경에서 접근하는 방법은 과감히 지양하겠다. 앞서 잠깐 언급하고 강조한 '해외 투자의 순서'를 기술하는 데 중점을 둘 것이며, 중간중간 필요한 자산군에 대한 설명을 첨부할 것이다. 다만 실제 투자 자산의 종류는 펀드로 국한하겠다.

ETF로 대변되는 '패시브 투자(등락에 따라 기계적으로 편입된 종목을 사고파는 투자 방식)'는 2008년 글로벌 금융위기 이후 대세가 되었다. '액티브 투자(전문가가 개별 종목의 장단점을 분석해 선별적으로 사고파는 투자 방식)'와의 유입 자금을 비교한 도표를 보면 확연한 차이를 보이고 있다는 걸 알 수 있다. 그만큼 해외 주식투자를 위해서는 패시

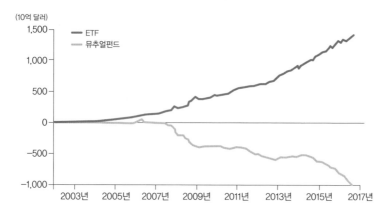

▶ 패시브 투자(ETF) vs. 액티브 투자(뮤추얼펀드) 유입 자금

자료: 뱅크오브아메리카

브 투자를 반드시 알아야 한다. 하지만 이 책을 통해 액티브 투자를 제대로 이해할 수 있게 된다면 인덱스를 추종하는 패시브 전략 및 ETF 투자에도 충분히 응용이 가능할 것이라 사료된다. 또한 이러한 접근은 해외 주식투자를 할 때 '묻지마 투자'를 지양하고 순서를 지키는 투자를 지향하는 필자의 철학과 무관하지 않다.

시장부터 제대로
이해해야 한다

시장은 양면성을 가진 투자자들이 그들의 의사를 돈으로 구현해내는 곳이기 때문에 쉽게 그 흐름을 예측하거나 예단할 수 없다.

투자자는 나름대로 많은 고민을 바탕으로 아끼고 아껴 모은 종잣돈을 부동산, 주식, 채권 등에 투자하고, 향후 해당 자산의 가치가 상승할 것이라 믿어 의심치 않는다. 자산의 가치는 수요와 공급의 원리에 의해 결정되기 때문에 해당 자산에 투자하고자 하는 사람이 늘어날수록, 자금 유입이 많아질수록 가치가 상승한다. 반대로 투자하고자 하는 이가 줄어들고, 자금이 빠져나가면 자산의 가치가 하락한다. 그리고 리스크로 인해 시장에서 해당 자산의 투자 매력이 떨어져 방치되는 상황까지 가면 더 이상 자산의 가치는 상승하지 않는다. 이처럼 상승 동력을 잃어버린 상황을 우리는 흔히 '소

투자자의 이중적인 심리가 작용하기 때문에 시장은 함부로 예측하거나 예단할 수 없다.

외'되었다고 말한다.

　시선을 조금 돌려 주변에 있는 사람들을 살펴보자. 지인들이 자신만이 알고 있는 유익한 정보, 특히 자산을 늘려줄 수 있는 '돈 되는 정보'를 잘 공유하는가? 흔히 '작전주'는 부자(父子) 사이에도 알려주지 않는다는 말이 있다. 이처럼 돈이 되는 투자 정보는 알게 모르게 오고간다. 자신에게 투자 관련 정보를 알려주는 유명 증권사의 투자중개인과 애널리스트는 목소리를 힘껏 높여 본인의 아이디어를 이야기한다. 반면 옆 팀의 장 과장은 그저 커피 한잔을 들고 아무도 없을 때 슬쩍 다가와 종목을 추천해줄 따름이다. 차트를 보여주며 조용한 목소리로 본인이 어디서 주워들은 유망한 주식 정보를 이야기하는 식이다. 어느 쪽을 더 신뢰하고 투자 방향을 결정할 것인가?

앞서 언급한 수요와 공급의 논리대로라면 투자한 종목의 우수성을 세상에 널리 알리고, 모두로 하여금 그 종목에 투자하게 하면 가격이 오를 것이다. 투자 수요가 많아지기 때문이다. 그러므로 전문가의 말을 따르는 게 투자자 본인에게도 이롭다. 하지만 투자자는 그렇게 호락호락하지 않다. 투자중개인과 애널리스트보다 옆 팀 장 과장의 말을 더 신뢰하는 경우가 많다. 자신의 투자 자산이 시장에서 소외되는 것을 가장 두려워하면서도 그 정보를 공유하는 행위, 즉 투자 수요를 확대하는 전문가의 행위에는 가장 소극적인 심리를 갖는 이중적인 곳, 그곳이 바로 '시장'이다.

예측할 수 없고, 예단할 수 없다

이처럼 시장은 양면성을 가진 투자자들이 그들의 의사를 돈으로 구현하는 곳이기 때문에 쉽게 그 흐름을 예측하거나, 예단할 수 없다. 이중적인 심리가 작용하거니와 삶과 가장 밀접한 수단인 돈까지 결부되어 있으니 얼마나 복잡하겠는가? 그래서 필자는 그리도 익숙한 "시장을 어떻게 예상하십니까?"라는 물음에 대해 아직도 회의적이다. 이 업계의 종사자임에도 불구하고 가장 어려운 질문이자 듣는 순간 멍해지는 질문이 아닐 수 없다. 더불어 매년 반복되는 '올해의 전망', '하반기 전망'이라는 주제도 참으로 난감한 화두 중 하나다.

그럼에도 불구하고 필자를 포함한 소위 전문가라는 사람들은 매년 1월 초에 관련 보고서를 작성하고, 인터뷰를 하고, 기고를 하면서 많은 시간을 보낸다. 솔직히 승률은 평균적으로 절반에도 미치지 못하는 경우가 많다. 시장이 서로 다른 이해관계자들의 심리가 얽힌 유기체라는 것을 알면서도 '예상'이라는 걸 해야만 한다는 게 참으로 어렵다. 하지만 설사 틀리더라도 투자자 중 단 한 명이라도 '틀린 의견'이 아니라 '다른 생각'으로 평가해 이해의 폭을 넓히는 단서로써 활용한다면, 그리고 조금이라도 시장을 이해하는 실마리로 활용한다면 회의적이지만 나름 의미가 있을 것이라 생각하며 위안한다.

결론은 시장은 예상도 어렵고, 전망도 힘들다는 것이다. 지금까지 시장이 보인 방향을 돌아보고 현재의 시장을 이해하는 것만이 최선이다. 과거부터 현재까지의 점을 연결하면 미래가 보인다는 말처럼 그래서 시장에 대한 접근도 '예상'보다는 '이해'에 초점을 맞추는 것이 합리적이지 않을까? 그렇기 때문에 이 글의 제목이 '시장부터 제대로 예측해야 한다'가 아니라 '시장부터 제대로 이해해야 한다'인 것이다. 이러한 필자의 생각에 투자자들도 공감해주었으면 하는 작은 소망이 있다.

인공지능은
시장을 알고 있을까?

이세돌은 알파고와의 대국에서 결국 지고 말았다. 2016년 이른 봄, 이 세기의 대국은 단순한 바둑게임에서 끝나지 않고 금융업계와 관련된 직업의 존립 기반까지 흔들어댔다. 이미 2008년 글로벌 금융위기를 겪으면서 퀀트(Quant)[3]라는 운용 전략으로 홍역을 호되게 치른 터라 익숙할 법도 한데, 인공지능의 대두는 예상보다 강하게 펀드매니저의 영역에 다시 한 번 칼을 들이댔다. 이후 각 금융기관과 금융감독원은 본격적으로 로보어드바이저(Roboadviser)라는 신사업을 꿈꾸게 되었다.

결국 로보어드바이저는 사람들이 시장에 느끼는 막막함과 한계를 여실히 나타낸 결과물이라 생각한다. 이는 투자자의 양면성에서 비롯된 단점을 파고들기 위해 고안된 전략으로, 그러한 등장배경이 공감할 수 있는 여지가 많기 때문에 이 발명품 자체가 향후 소외될 것이라 생각하지는 않는다. '사람의 손을 거치지 않는다.', '인간의 개입을 최소화한다.', '빅데이터를 활용해 산업 트렌드와

---

3 기존 운용 전략의 기본 틀이 운용역의 정성적 의사결정으로 이루어졌다면, 퀀트 운용은 투자 의사결정을 데이터 분석을 통해 계량화한 운용 방식이다. 종목 선택, 포트폴리오 구성 및 자산 관리 등의 주요 의사결정이 금융공학 및 수학적 모델을 기반으로 이뤄진다. 2008년 글로벌 금융위기 때 많은 퀀트 운용 전략이 손실을 초래했으나 최근 데이터를 기반으로 한 정량적 운용이 각광을 받으면서 재조명되고 있다.

자금 흐름을 회귀분석한다.' 등의 문구들은 필자가 봐도 유용하게 느껴진다. 하지만 정신을 차리고 보면 로봇이 어떤 데이터를 어디서 가지고 왔는지, 활용하는 데이터는 과연 정확한지, 그 데이터를 어떻게 활용해야 하는지 등을 의심하지 않을 수 없다. 왜 그런 결정을 내렸는지 물어보려 해도 그것은 블랙박스⁴의 영역이므로 로봇도 모를 것이 분명하다.

물론 성공적인 마케팅을 통해 로봇의 운용자금이 늘어나면, 그 데이터의 정확도와 히스토리를 굳이 고려하지 않더라도 '로봇'이라는 영향력이 시장에 큰 의미를 줄 수는 있다. 그때부터는 블랙박스에 대한 의심과는 무관하게 로봇에게 점점 더 큰 자금이 몰릴 것이고, 그러면 이중성을 가진 사람 투자자를 바로 이 로봇이 대체할 것이다. 가령 '어느 시장에서 성공가도를 달리고 있는 A자산운용사의 로보어드바이저 전략을 적용할 예정'이라는 기사가 날 경우 투자자들은 시장을 보기보다 로봇을 보고 돈을 넣을 것이다. 투자 주체가 로봇이 되는 것이다. 과거 일부 스타 펀드매니저와 유명 운용사에 돈이 몰렸던 과정을 돌이켜보면 불가능한 일도 아니다.

하지만 아직 우리(사람 펀드매니저들과 사람 투자자들)가 영광스럽게도 생존해 있는 지금, 이성을 차리고 생각해보면 과연 이중성을 가진 투자자들이 로봇을 온전히 믿을 수 있을지 의심이 든다. 결국

---

4 헤지펀드 운용 전략 중 운용 전략을 공개하지 않는 운용체계를 말한다. 헤지펀드는 고유의 운용 전략을 베일에 감춰 수익률의 근거를 투자자와 공유하지 않고 과거 성과 등의 결과값만 공개하는데, 이를 '속이 보이지 않는다는 의미'로 블랙박스라 부른다.

이 또한 투자자가 만든 발명품이기 때문이다. 아직 투자자가 완벽히 구축하지 못한 신사업의 일부이기 때문에 사람의 손을 완전히 떠날 수 없는 방향으로 나아갈 가능성이 크다.

물론 모든 이가 꿈꾸는 완벽한 머신러닝[5]이 등장하면 그때부터는 신세계를 맞이하게 될 수도 있다. 왜냐하면 그때는 불안정한 투자자의 팔고 싶은 마음과 사고 싶은 마음, 그리고 이를 다 안다고 생각하는 로보어드바이저의 판단이 어우러져 더 복잡한 시장이 형성될 것이기 때문이다. 이러한 변수까지 누가 통제하고 예상하며 감히 대응할 수 있겠는가? 결국 아무리 인공지능이 발달한다고 해도 사람이 완전히 투자 주체에서 손을 떼지 않는 이상 시장은 함부로 예측하거나 예단할 수 없다. 오로지 공부와 분석을 통해 이해하는 것만이 최선이다.

---

5 로보어드바이저 등 알고리즘에 따른 운용에 있어, 컴퓨터가 스스로 변수를 설정하고 학습해 운용하는 단계. 인간이 설정한 변수를 바탕으로 데이터를 업데이트하며 자동으로 운용되는 방식을 퀀트 운용이라고 한다면, 머신러닝은 변수 자체를 로봇이 설정하기 때문에 인간의 손길을 전혀 필요로 하지 않는다.

투자와 투기를
분별하라

합리적인 과정을 거쳐 충분한 근거를 바탕으로 집행이 이루어진 행위가 투자
이며, 과정 없이 오로지 결과만을 고려했다면 투기다.

투자와 투기에 대해 고민해본 적이 있다. 필자뿐만 아니라 많은 이들이 한 번쯤은 고민해봤을 주제인데, 물론 정해진 답은 없다. 1장인 '해외 주식투자의 첫걸음'에서 투자와 투기에 대한 고찰을 다룬 이유는 이러한 고민이 투자 철학을 세우는 데 빠질 수 없는 주제이기 때문이다.

가령 펀드매니저가 애플에 펀드 수탁고(수탁된 금액)의 10%를 밀어 넣었다면 "전망이 좋은 성장주다." 또는 "제4차 산업혁명에 대한 확신에 기반한 투자다."라고 평가할 것이다. 하지만 대학생이 방학 내내 아르바이트를 해서 번 돈 전부를 해외 ETF에 밀어 넣었다면

투기라고 비아냥거릴 사람들도 분명 존재한다. 생각해보자. 두 사람은 어떤 과정을 거쳐 투자했을까? 전자와 후자 중 어떤 것이 투자고, 어떤 것이 투기일까?

∿ 과정에 충실하면 투자고, 결과에 욕심내면 투기다

펀드매니저는 분기별로 15조 원을 넘게 버는 애플의 영업이익과 매 분기 예상 대비 높은 이익을 기록하고 있는 점, 그리고 홈버튼을 없앤 아이패드로 인한 매출 증가 기대감 등의 이유로 주가가 오를 것이라 전망했다. 그래서 펀드의 큰 비중을 차지하는 많은 자금을 애플에 투자한 것이다. 반면 대학생은 우연히 찾아간 증권사 지점에서 미모의 여직원이 권한 중국 ETF에 어렵게 번 금쪽같은 돈 모두를 과감하게 넣었다. 쉽게 큰돈을 만지고 싶다는 욕심에 미련 없이 과감하게 감행했을 것이 분명하다. 이러한 과정을 놓고 판단한다면 펀드매니저는 투자를 한 것이고, 개미인 대학생은 투기를 한 것이다. 아마 모든 사람의 예상이 그럴 것이다. 하지만 다른 경우의 수도 있다.

어제 동료 투자중개인, 애널리스트와 함께 새벽 2시까지 술을 마신 펀드매니저는 아침에 속이 좋지 않았다. 숙취해소제를 먹어도 취기가 가라앉지 않았다. 그러는 와중에 술을 같이 마신 투자중개인에게 전화가 왔다. 애널리스트가 추천한 애플에 투자할 생각을 해봤냐는 것이다. 통화 중에도 속이 좋지 않아 냉정하게 판단할 수 없었다. 만사가 귀찮아져 그냥 대충 펀드 수탁고의 8~9% 정도를 주문했다. 그런데 술을 깨고 정신을 차리고 보니 사는 과정에서 가격이 올라 애플이 펀드 내 비중의 10% 정도를 차지하고 말았다. 펀드매니저는 생각했다. '이런, 생각보다 너무 많이 샀는데 어쩌지? 뭐 애플이니까 결국 오르겠지….'

반면 중국 ETF에 모든 돈을 투자한 대학생은 펀드매니저를 꿈꾸고 있다. 주식동아리에서 하루도 빠짐없이 기업들의 재무제표를 살펴본다. 틈틈이 미국공인회계사(AICPA) 준비도 하고 있다. 그는 애플의 2018년 3분기 실적이 발표되자 속칭 '뜯어보기'를 시작했다. 하지만 대학생이 판단하기에 가이던스(연간 또는 다음 분기 영업실적 예상치를 제시하는 것)가 좋지 않았다. 또 홈버튼을 없애고 화면을 키운 효과가 판매에 미치는 영향이 미미할 것 같았다. 그래서 애플 투자를 포기한다. 그러다 우연히 찾아보았던 CNBC 뉴스에서 미중 무역전쟁이 완화될 것이라는 뉴스를 보게 된다. 중국 상해종합지수 밸류에이션을 보니 역대 최저치다. 위안화의 평가절하 속도가 문제이긴 한데 무역전쟁이 일단 완화되면 해결될 것이라는 생각이 들었다. 공부하면서 터득한 평균회귀현상(Mean Reversion)이라는 단어도 떠올라 더더욱 확신이 들었다. 일단 환율이 1달러당 7위안을 넘어가면 미련 없이 털어버리기로 다짐하고, 중국 ETF에 모든 돈을 넣었다.

이렇게 전후사정을 다시 살펴보면 누가 투자를 했고 누가 투기를 했는지 분명해진다. 자금 집행자의 주체에 따라 투자와 투기가 바뀌는 것이 아니다. 자금 집행자의 주체가 펀드매니저든, 대학생이든 그건 중요하지 않다. 합리적인 과정을 거쳐 충분한 근거를 바탕으로 집행이 이루어진 행위를 투자라고 하는 것이고, 과정 없이 오로지 결과만을 고려했다면 투기가 되는 것이다. 즉 과정이 충실하면 투자고, 결과를 욕심내면 투기다. 투자는 합리적인 이익과 손실의 가능성이 있지만, 투기는 막대한 손실이라는 큰 리스크를 가지고 있다. 물론 운이 좋으면 큰 이익을 얻을 수도 있다.

중국 주식, 베트남 주식, 인도 주식 등 예전에는 잘 들어본 적도 없는 종목들이 계속 나타나 투자자들을 유혹하고 있다. 일부지만 해외 주식투자를 투기라 치부하는 잘못된 편견이 생긴 이유는 공부할 게 많은데 제대로 준비되지 않은 상태에서 이런 종목들이 갑자기 쏟아져 나왔기 때문일 것이다. 또한 국내 주식은 TV, 서적, 인터넷 등 기업 및 종목 분석에 대한 자료가 많아 개인도 충분히 매매의 근거를 마련할 수 있지만 해외 자산은 그렇지 않다. 결국 자의로든 타의로든 잘 모르는 상황에서 합리적 판단의 과정을 거치지 않고 투자하는 경우가 늘어나고 있는 것이다. 손실을 보고 싶지 않다면 자신의 행위가 투자인지 투기인지 정확히 분별한 뒤에 손을 대야 한다.

종목의 상관관계와 변동성이 중요하다

2018년 초, 모두가 알다시피 시장이 흔들리고 무너졌다. 어떤 이는 1월 시장, 그중에서도 특히 IT 주식이 너무 올라 차익실현 매물이 출회되어서라고도 하고, 어떤 이는 2017년 말 금리가 인상되면서 리버스로테이션(Reverse Rotation)[6]이 발생했다고도 했다.

하지만 필자의 생각은 달랐다. 시장에서 자연스럽게 나타난 반응이 아니라 인위적이라는 느낌이 들었다. 다른 이들이 주로 언급한 이유보다는 일부 글로벌 ETF에 수급이 쏠리면서 프로그램 매매가 많아져 나타난 이례적인 상황이라 판단했다. 물론 이 또한 필자 개인의 가설일 뿐이다. 어찌되었든 하락 원인이 분명하지 않은 시장은 혼란스러울 수밖에 없다. 하락 원인이 분명하다면 반등을 기대하며 기다리는 게 어렵지 않지만, 불분명할 경우 괴로움의 나날이 지속된다. 결과적으로 2018년 2월에는 많은 전문 투자자들과 아마추어 투자자들이 눈만 뜨고 떨어지는 시장을 바라볼 수밖에 없었다. 아침마다 펀드매니저들끼리 "떨어지는 칼날은 잡지 말자!"라고 다짐하며 서로를 위로하기도 했다.

---

6 투자자금이 위험자산인 주식 시장으로 이동하는 현상을 그레이트로테이션(Great Rotation)이라 하고, 반대로 위험자산인 주식 시장에서 안전자산인 채권으로 이동하는 현상을 리버스로테이션이라 한다.

전문가들도 상황이 이런데 하물며 일반 투자자들과 일선 판매사 직원들은 얼마나 혼란스러웠겠는가? 그렇게 혼돈의 시대에 우연히 일반 투자자들과 만나게 되었는데, 이들 중 한 명이 필자에게 다가와 불만을 토로했다. 그는 전문가의 말대로 자산배분도 충실히 했고, 위험자산 포트폴리오 구성도 보수적으로 했는데 완전히 망했다며 열변을 토했다. 자산배분에도 충실했고 포트폴리오 구성도 보수적이었는데 망했다니, 그 인과관계가 잘 이해되지 않았다. 그런데 자세한 내막을 알게 되자 정말 충격적이었다.

"자산배분하라고 해서 주식과 채권에 4:6으로 넣었습니다."
"다행이네요. 채권은 어떤 걸 사셨나요?"
"브라질 채권이랑 신흥국 채권형펀드요."
"음, 그럼 주식은 어떤 걸 사셨어요?"
"위험자산을 배분하는 차원에서 국내와 해외로 나눠서 투자했죠.
코스닥 중소형주 펀드와 베트남 펀드, 중국 펀드로 나눴습니다."

결과만 놓고 보면 솔직히 어이가 없었지만, 이어진 대화에서 그가 나름대로는 정말 놀라울 정도로 과정에 충실했다는 걸 알 수 있었다. 과정 하나만 놓고 보면 절대 투기가 아닌 투자였다. 베트남의 경제 상황과 문재인 정부의 코스닥 정책 방향, 시진핑 2기 중국에 대한 기대감을 비롯해 심지어 글로벌 시장 기업의 부도율 감소에 따른 하이일드 투자의 전망성에 대해서도 잘 알고 있었다.

시장을 판단하는 데 도움이 되는 주요 요소를 놓치거나, 최종 투자 자산 간의 상대적인 영향을 파악하지 못한다면 투자가 아닌 투기가 되고 말 것이다.

하지만 매우 안타깝게도 필자는 이분의 포트폴리오를 올바른 투자라고 평가할 수 없었다. 투자 자산의 선정 과정만 들여다보면 분명 투자가 맞지만, 한 발짝 떨어져 살펴보면 간과한 점이 분명 존재했다. 바로 투자 자산 간의 상호관계, 즉 상관관계에 대한 고려가 없었던 것이다. 그는 자산의 개별적인 매력에 대해서는 매우 잘 파악하고 있었으나, 본인이 투자한 자산이 다른 자산에 비해 얼마나 매력적이고 얼마나 위험한지를 간과했다. 위험성, 즉 리스크는 상대적인 것이지 절대적인 것이 아니다. 상대적인 비교가 없으면 투자의 비중을 정할 수 없고, 투자의 비중을 정할 수 없으면 기대수익률을 측정하기 힘들다.

예를 들어 중국이 떨어지면 베트남도 떨어지고 코스닥도 하락한다. 그리고 베트남과 코스닥의 변동성이 중국 상해종합지수 변동성을 완화할 수 있을 만큼 무난하지도 않다. 즉 자산 간의 상관관계가 너무 높고 변동성도 컸다. 결국 그의 포트폴리오는 자산배분이 아닌 펀드 쪼개기에 지나지 않았던 것이다.

앞서 과정의 중요성을 몇 차례 강조한 바 있다. 그런데 그 과정 안에는 개별 자산 선정에 대한 충실한 분석 외에도 자산 간의 상대적인 매력 검토도 포함된다. 글로벌 시장에 투자한다는 건 여러 국가의 수많은 자산과 상품을 대상으로 하는 일이기 때문에 상대적인 평가와 분석이 반드시 수반되어야 한다. 큰 그림을 그릴 줄 알아야 하며, 남들보다 민감하게 시장을 바라봐야 한다. 해외 주식투자를 할 때 시장을 판단하는 데 도움이 되는 주요 요소를 놓치거나, 최종 투자 자산 간의 상대적인 영향을 파악하지 못한다면 투자가 아닌 투기가 되고 말 것이다.

해외 주식투자의
기본은 미국이다

결국 출발점은 미국이다. 해외 주식투자에 관심이 있다면 미국을 외면하지 말고 반드시 포트폴리오에 일정 비중을 포함시켜야 한다.

N증권사 대치동 지점 PB로 일하고 있는 1976년생 김 부장은 오늘도 아침부터 미국 투자 전문매체 시킹알파(Seeking Alpha) 사이트를 뒤져보고 있다. 지점의 특성상 고객들이 투자에 대한 지식이 빠삭하고, 고학력자도 많기 때문에 늘 공부하는 자세를 잃지 않았다. 일반적인 정보로 이들과 대화하기에는 스스로가 부족하다고 느껴 항상 외국 사이트를 돌며 투자 초과수익에 대한 아이디어를 얻었다. 이전에 본사 상품기획부서에 있었기 때문에 상품에 대한 지식도 많았고 본점 직원의 도움도 원활하게 받을 수 있어 정보 습득도 매우 빨랐다. 그 덕분에 기존 고객이 신규 고객을 소개해주는 일이

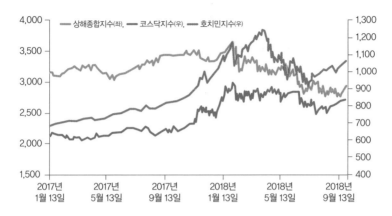

자료: 모건스탠리캐피털인터내셔널, 블룸버그

잦을 정도로 큰 신뢰를 받았고, 부임 2년 만에 이전 담당자보다 운용 규모를 2배로 늘릴 수 있었다.

하지만 김 부장에게도 고민이 있었다. 얼마 전에 새로 소개받은 고객, 최 상무의 포트폴리오 때문이었다. 글로벌 기업 B전자의 최 상무는 승승장구해온 자신의 커리어와는 달리 재테크에 있어서는 정말 젬병이었다. 사실 최 상무는 일찍부터 해외 투자에 대한 조예가 깊었다. 사회초년생 시절부터 해외를 많이 다녔고, 다양한 국가에서 일하며 우리나라와 발전상이 비슷한 나라를 눈으로 직접 목격해왔기 때문이다. 그는 중국과 베트남의 전망을 높이 사 집중적으로 투자했고, 지인이 알려준 코스닥 기업에도 돈을 넣었다. 그러한 판단 자체는 좋았지만 문제는 투자한 시점이었다. 모든 자산이 한꺼번에 상승한 2018년 1월에 투자를 감행한 것이다. 이후 중국과 베트남은 각각 15%, 10%의 손실을 기록하게 되었고, 코스닥 기업 또한 고전을 면치 못했다.

김 부장은 처음 최 상무를 만났을 때, 우선 꾸준히 장기간 수익을 낼 수 있는 시장 및 자산에 투자해 안정적으로 수익을 내보자고 설득했다. 그다음 변동성 대응으로 초과수익을 만들어보려는 의도였다. 시장과 맞서지 말고, 시장 앞에 겸손해야 한다는 진부할 수 있지만 굉장히 중요한 조언도 건넸다. 하지만 최 상무는 이럴 거면 자신이 왜 PB에게 돈을 맡기냐는 식으로 반발했다. 고객의 돈을 맡았으면 책임지고 시장을 이겨내라는 뜻이었다. 시장과 무관하게 수익을 내줘야 한다는 최 상무의 말에 김 부장은 그건 본인보다 연봉이 10배 많은 글로벌 헤지펀드의 펀드매니저도 하기 힘들다 설득했다. 최 상무는 별수 없이 본인이 가지고 있는 나머지 돈을 바탕으로 복구 계획을 세워달라고 요청했다.

미국을 먼저 주시해야 한다

김 부장은 왜 합리적으로 수익을 추구하기 위해서는 변화무쌍한 시장에 맞서지 말아야 한다고 했을까? 시장을 따라가면서 예상이

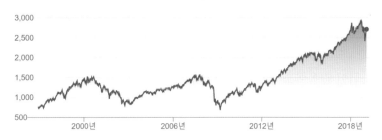

▶ S&P500지수 동향

3,000
2,500
2,000
1,500
1,000
500

2000년   2006년   2012년   2018년

자료: 구글

아닌 대응으로 기회를 조심스럽게 찾는 것이 옳다는 확고한 자신
만의 기준 때문이다. 링 위에 올라가서 시장을 앞에 두고 처음부터
잽 없이 스트레이트만을 노린다면 상대의 어퍼컷에 바로 드러눕게
될 것이 뻔하다.

　김 부장에게는 시장에 대한 다양한 정보가 많아 충분히 활용할
여지가 있었다. 소위 '찌라시'라 불리는 정보도 많았다. 2~3배는
금방 껑충 뛴다고 소문난 종목도 알고 있었다. 하지만 본인의 소신
대로 시장을 따라가면서 합리적으로 대응하기로 했다. 그래서 그
는 컴퓨터를 켜고 S&P500[7] 차트부터 확인했다.

　김 부장과 그의 고객 최 상무의 이야기는 최근 증권사 지점에서
벌어지고 있는 실제 이야기를 각색한 것이다. 많은 이들이 나름대

7　미국의 스탠더드 앤드 푸어스(Standard & Poor's)가 다양한 기준으로 선정한 보통주 500종목을
　대상으로 작성해 발표하는 주가지수로, 미국에서 가장 많이 활용되고 있다.

로의 분석을 통해 투자할 지역을 선별하고 돈을 투입한다. 하지만 소위 사회적으로 '잘나가는' 사람들조차 실패하기 부지기수인 게 바로 투자다. 과연 이들이 놓친 것은 무엇일까? 왜 최 상무는 해외 경험이 많음에도 불구하고 투자에 실패했을까? 그리고 왜 김 부장은 미국의 S&P500 차트부터 먼저 열어봤을까?

투자를 고려하고 있는 이들에게 미국 주식은 참 고리타분한 이야기처럼 들린다. 미국 주식에 대한 기대치가 높지 않기 때문이다. 비약일 수 있지만 미국을 마치 트렌드에 뒤처진 시장 정도로 여기기도 한다. 신흥국에 대한 기대가 높기 때문일까? 요즘 어지간해서는 미국을 주제로 한 리포트는 주목을 받기가 힘들다. 우리에게 나름 친숙한 나라이다 보니 주식에 대해서도 다들 잘 안다고 생각하는 모양이다. 그래서인지 미국 주식투자는 별 볼 일 없다고 생각하는 경향이 있다. 하지만 미국은 지난 20년간 수차례 경제 위기에도 불구하고 빠르게 극복해 지속적인 상승세를 유지해왔다. S&P500 지수만 보더라도 알 수 있다. 뒤에서 자세히 다루겠지만 미국 주식과 채권은 핵심자산으로 손색이 없다.

하지만 투자자들은 미국 주식을 포트폴리오 전면에 내세우지 않는다. 왜냐하면 선택할 수 있는 상품의 폭이 매우 넓어졌기 때문이다. 그러나 기관 투자자나 고액 자산가의 경우 미국 주식을 필두로 고금리 채권이나 해외 부동산, 빌딩 등 글로벌 대안자산이라 불리는 곳에 투자하며 안정적으로 많은 수익을 내고 있다. 대표적으로 운용 규모상 전 세계 5위 안에 드는 우리나라 국민연금 기금운용

▶ 국민연금 자산군별 수익률

(단위 : %, 십억 원, 2018.8월 말 기준)

구분	2018년		2017년		2015 ~2017년 (3개년)		1988~2017년 (설정후)	
	기간	연환산	수익률	수익금	수익률	수익금	수익률	수익금
전체	2.25	2.63	7.26	41,194	5.61	87,479	6.02	299,920
복지부문	0.92	0.96	-1.65	-2	-1.69	-7	6.45	612
금융부문	2.26	2.63	7.28	41,190	5.62	87,466	5.92	280,038
국내주식	-5.14	-5.14	25.88	26,995	11.58	33,537	8.37	65,083
해외주식	7.55	7.55	10.62	9,844	9.21	20,949	8.42	33,191
국내채권	2.89	3.68	0.51	1,401	2.17	17,202	4.84	143,558
해외채권	2.58	2.86	0.14	34	1.87	1,256	4.39	9,635
대체투자	5.17	5.17	4.53	2,963	8.50	14,555	8.14	27,507
단기자금	1.56	1.56	0.35	10	1.33	115	4.21	1,463
기타부문	0.30	0.45	0.61	7	0.65	20	1.77	188

자료: 국민연금공단

본부의 경우, 설정된 1988년 이후 2017년까지 매년 대체투자에서만 8%가 넘는 수익률을 냈다.

그런데 일반 개미의 경우를 살펴보면 상황이 완전 다르다. 개인은 대체투자 자산 및 채권과 같은 글로벌 대안자산에 접근하기 어렵기 때문에 선택권이 좁다. 투자를 위한 자금도, 정보도 부족해 기관 투자자나 고액 자산가가 손을 대는 '알짜 자산'은 그림의 떡일 뿐이다. 결국 개미가 해외 투자를 하는 길은 누구나 다 아는 해외 주식이나 유명 자산운용사의 해외 주식형펀드로 귀결된다. 일부 ELS(주식연계증권)와 ELT(주식연계신탁) 등의 구조화 상품 또한 최소 단위가 커서 투자가 어려운 경우가 많다. 투자 구조 및 상품 구성도 점점 다양해져 개인 투자자가 쉽사리 손을 대기 힘들다. 2012년부터 2016년 말까지 S&P500지수를 기준으로 무려 약 1천pt, 즉 2배

가까운 상승세를 보였음에도 불구하고 미국에서 돈을 벌었다는 개미들이 별로 없는 이유가 여기에 있다.

미국 시장을 알면서도 보다 더 안전한 곳, 더 큰 수익을 안겨줄 수 있는 곳을 찾아 헤매다가 마지막에 '너무 늦은 거 아닐까?', '이미 오를 만큼 오른 거 아닐까?'라는 푸념과 함께 포기했기 때문이다. 필자는 이러한 결과의 원인이 투자의 순서를 지키지 못했기 때문이라고 생각한다. 물론 기관 투자자와 고액 자산가의 경우 투자 자금이 많기 때문에 선택의 폭이 넓어 수익 실현 가능성도 높다. 그래서 관련 주식에 과감히 투자할 수 있었는지도 모른다. 어쩌면 그들과 개인 투자자의 차이점은 순서를 지킬 수 있는 여유의 유무가 아닌가 싶다.

사실 필자는 개미를 탓하기보다 시장을 이끌어가는 사람들을 탓해야 한다고 생각한다. 기관들이 개인 투자자로 하여금 투자의 순서를 지킬 여유나 노하우를 알 수 있는 기회를 제공하지 않았기 때문이다. 은행, 증권사 등의 판매사는 매달, 매 분기 신상품을 출시하고, 해당 신상품을 프로모션하기 바쁘다. 그래서 뜨겁게 이슈화되고 있는 신흥국으로의 투자를 유도해 선취수수료만 받아간다는 비난에 십분 공감이 간다. 잊지 말아야 할 점은 결국 투자는 언제나 온전히 투자자의 몫이라는 것이다. 그 누구의 돈도 아닌 바로 우리 자신의 돈이다. 환경만 탓할 수는 없다. 어느 정도는 스스로 공부하고 주체적으로 판단해야 한다.

결국 출발점은
미국이다

다시 본론으로 돌아와서 글로벌 투자, 특히 주식의 경우 미국이 그 시작점인 이유는 무엇일까? 피상적인 이유부터 대자면 전 세계를 좌지우지하는 MSCI 세계지수에서 미국이 차지하는 비중이 절반을 넘기 때문이다(2017년 6월 말 기준). MSCI 세계지수는 23개 선진국 시장과 24개 신흥국 시장의 주식으로 구성되는데, 이 중 미국의 비중이 무려 약 52%다. 해외 주식 시장의 절반을 차지하는 것이다.

주식 등 상장된 투자 자산만 한화로 따지면 '경'의 단위다. 그 규모가 어느 정도인지 감도 잡히지 않는다. 데이터만 놓고 보면 세상

▶ MSCI 세계지수 국가별 비중

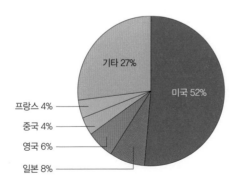

자료: 모건스탠리캐피탈인터내셔널

을 움직이는 큰손은 미국에 있는 것이다. 겉으로 드러난 현상에만 집중해도 왜 미국 주식을 따라가는 것이 순리인지 이해할 수 있게 된다. 시장을 이기려는 거창한 마음만 먹지 않는다면 해외 주식투자는 결국 미국을 중심으로 투자의 판단 근거를 세워야 한다.

물론 '규모가 시장을 리드하는가?'라는 질문에 100% 그렇다고 말할 수는 없다. 시장은 규모에 따라서도 움직이지만 때로는 '청사진'이라는 변수가 가미되어 변동성의 폭을 키운다. 소위 스마트머니(Smart Money)[8]가 이를 잘 알고 유연하게 파도를 타기도 한다. 하지만 미국은 스마트머니가 흔들 수 있는 정도의 시장이 아니다. 투자 자산으로서의 미국은 장기 보유로 안정적인 수익을 내는 핵심 자산의 역할을 충분히 할 수 있다. 해외 주식투자에 관심이 있다면 외면하지 말고 반드시 포트폴리오에 일정 비중 포함시켜야 한다.

---

8 높은 단기 차익을 목표로 기관 투자자나 개인 투자자들이 장세 변화에 빠르게 반응해 투자하는 자금을 뜻한다.

좋은 투자는 원래 지루하다.
만약 투자가 즐겁다면
돈 벌 가능성은 높지 않을 것이다.

• 조지 소로스(George Soros) •

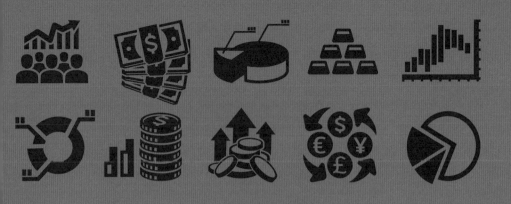

2장

시장을 통찰하면 돈 되는 해외 기업이 보인다

세계의 경제는
어떻게 돌아가는가

해외 주식투자를 염두에 두고 있다면 미국의 구매력을 주시해야 한다. 미국의 구매력에 투자하는 것은 가장 기본적인 투자 행위다.

세계의 경제는 어떻게 돌아갈까? 해외 주식투자를 염두에 두고 있는 투자자라면 당연히 고민해봐야 할 문제다. 흔히 경제를 논할 때 가장 먼저 나오는 이야기가 바로 '수요와 공급'이다. 경제학에 관심이 없더라도 수요와 공급의 법칙에 대해서는 잘 알고 있을 것이다. 세계 시장 역시 이 논리로 보면 간단하게 이해할 수 있다. 물건을 남보다 경쟁력 있게 만들어 팔고 합당한 대가로 재화를 받아 자신이 필요한 것을 사서 쓰면 된다. 이런 일련의 행위들이 반복되어 경제가 돌아가는 것이다. 열심히 만들고, 열심히 팔고, 필요한 만큼 열심히 사는 행위를 구성원 모두가 성실하게 하면 문제가 없다.

닭이 먼저인지 달걀이 먼저인지로 논쟁을 벌일 수는 있겠지만, 결국 물건이 잘 팔리려면 소비자가 물건을 잘 사주면 된다. 물건의 질을 놓고 가격을 흥정할 수는 있겠지만 결과적으로 물건은 재화와 교환되기 마련이다. 물건을 구매하는 사람이 소비자이며 바로 그들이 재화, 즉 돈을 가지고 있는 구매력을 가진 주체다. 정부가 자국민의 소비심리 위축에 민감하게 대응하는 이유가 여기에 있다. 물건이 잘 팔려야 경기가 선순환하기 때문이다. 그럼 과연 세계 시장의 소비자는 누구일까?

미국의 구매력이 세계를 움직인다

돈이 있어야 소비자가 되는데, 그럼 돈을 쥐고 있는 주체는 누구일까? 바로 부자다. 세계 시장에서는 돈이 많은 선진국에 해당된다. 부자인 선진국은 물건을 많이 만들어 팔기 때문에 부유하다. 돈이 없는 신흥국에 물건을 파는 경우도 있지만 보통 대규모 거래는 선진국끼리 하는 경우가 많다. '메이드 인 재팬' 딱지가 붙은 토요타 자동차와 소니 전자제품은 미국과 유럽에서 기가 막히게 팔렸고, 미국의 맥킨토시 컴퓨터는 시대를 평정했다. 이처럼 선진국은 생산력과 구매력을 동시에 갖추고 있다.

비교우위에 따른 자유무역을 주장하는 패러다임 속에서 각국은 우위에 있는 제품을 생산하기에 분주했고, '무역'이라는 시스템을 통해 경제 공동체를 이루어왔다. 세계화로 인해 자급자족은 옛말이 되었고, 현재는 서로가 복잡하게 얽혀 경제 도미노를 우려하며 어깨를 맞대며 살고 있다. 물론 플라자 합의[1]로 서로의 뒤통수를 때린 적은 있지만 말이다.

하지만 이렇게 서로가 서로를 의지하는 과정에서도 당연히 우열은 나뉜다. 어떤 나라는 강력한 구매력(Buying Power)을 앞세워 상대국에 수출하는 자국의 물건 가치를 더 인정받기도 하지만, 일부 국가는 빈약한 구매력으로 인해 본인들의 물건 가치를 인정받지 못해 적자를 보기도 한다. 이러한 메커니즘에서 가장 우위를 점하고 있는 국가가 바로 미국이다.

세계무역기구(WTO)의 통계에 따르면 미국은 2017년에 약 2조 4,090억 달러의 물품을 수입해 수입 강대국의 면모를 보였다. 2위인 중국을 약 6천억 달러 차이로 앞선 수치다. 2010~2017년 사이 매년 평균 2.9% 수준의 성장을 기록해 구매력을 확대하고 있다. 단일 국가 자동차 판매량 또한 세계 최대 수준으로, 2017년에만 무려 1,700만 대 가까이 팔렸다. 글로벌 자동차 판매량 추이와 비교해보면 미국이 차지하는 비중은 약 19%에 달한다. 전자제품 및 각종 소

---

1 1985년 뉴욕 플라자 호텔에서 미국, 프랑스, 독일, 일본, 영국 재무장관이 외환 시장 개입에 의한 달러화 강세를 시정하도록 결의한 조치다.

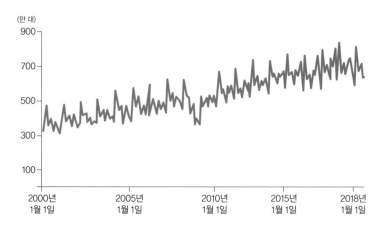

▶ 글로벌 자동차 판매량 추이

(만 대)

자료: 블룸버그

비재 판매까지 모두 고려하면 미국의 구매력은 실로 막강하다.

반면에 미국의 수출은 1조 5,470억 달러를 기록해 수입보다 적었다. 적자를 기록한 것이다. 통계를 보면 줄곧 적자를 기록해왔다는 표현이 더 정확하다. 2010~2017년 수출 평균 성장률은 수입 대비 0.1% 낮은 2.8%로, 매년 적자 규모가 확대되고 있다. 트럼프 대통령이 왜 각국 정상과 무역협상을 다시 하고 있는지 간단한 숫자만 봐도 알 수 있다.

결국 미국은 무역만 놓고 보면 적자 국가다. 무역으로 돈을 벌고 있지 못하지만 세계 최고의 구매력을 가지고 있다. 참 아이러니하다. 돈을 못 벌고 있는데 구매력은 가장 세다. 다시 말해 돈을 벌 수 없는 경제 구조인데 가장 많은 물건을 사들인다.

미국의 구매력에
투자하라

현명한 투자자라면 미국의 국내 문제와 국외 문제를 분리해서 볼 필요가 있다. 즉 미국의 구매력은 국외 문제로 전 세계 제조업에 지대한 영향을 미치는 요인이다. 미국의 구매력이 떨어지면 당장 신흥국 공장에 들어오는 주문이 줄어들게 되고, 주문이 줄어들면 매출이 떨어져 법인세 수입까지 감소한다. 해당 국가 재정에까지 영향을 주는 것이다. 따라서 구매력이 크다는 건 다른 나라의 재정에 영향을 줄 수 있는 여지가 많다는 뜻이다.

반면 미국의 적자는 미국 국내의 문제다. 미국이 버는 돈보다 쓰는 돈이 더 많은 건 살림살이 문제에 해당한다. 적자가 늘어나면 살림살이도 어려워져 지출 자체가 줄어들 수 있지 않느냐고 반문할 수 있지만, 이는 미국이 기축통화 달러의 발권국이란 사실을 간과한 생각이다. 일반적으로 국가는 돈을 찍거나 채권을 발행해 자금을 조달한다. 자금 부분에서 문제가 생기면 이렇게 돈을 찍어 해결할 수 있지만 쉬운 일은 아니다. 돈을 찍으면 기축통화와 해당 통화를 교환해야 하기 때문에 교환하는 과정에서 통화 가치 하락이 발생하게 된다. 그렇다고 채권을 발행하자니 국가 부채가 늘어나 근본적인 해결이 어렵다.

하지만 미국은 일반적인 국가가 아니다. 앞서 이야기했듯이 기

달러의 수요는 도처에 있기 때문에 찍어낸다고 해서 인플레이션을 일으키지 않는다. 달러가 전 세계 금리와 유동성을 조절하는 이유다.

축통화인 달러의 발권국이므로 달러를 찍어서 필요한 자금을 충당하면 된다. 미국의 부채는 2017년 말을 기준으로 20조 달러를 넘어섰다. 규모가 너무 커서 한화로 따져볼 필요도 없다. 액수가 액수인 만큼 한때 예산이 통과되지 않아 정부 운영이 중지되는 셧다운을 당한 적도 있다. 하지만 크게 걱정할 일은 아니다. 정부 운영을 일시 정지할 수는 있을지언정 파산을 걱정할 필요가 없기 때문이다. 앞서 언급했듯이 달러가 기축통화이니 가능한 일이다.

만약 우리나라 한국은행이 원화를 찍어서 채무를 갚는다면 원화의 가치는 단기간에 하락하게 되고, 국내 시장은 예상치 못한 인플레이션에 빠져 곤경에 처할 것이다. 하지만 달러의 수요는 도처에 있기 때문에 찍어낸다고 인플레이션을 쉽게 일으키지 않는다. 달러가 기축통화로 전 세계 금리와 유동성을 조절하는 이유다. 하물며 미국은 전 세계를 상대로 강력한 구매력을 행사하는 국가다.

그럼 다시 정리해보자. 미국의 구매력은 세계 최고다. 구매력 뒤에는 달러라는 든든한 담보가 있다. 미국 주식에 투자하는 당위성이 충족되는 이유는 미국의 구매력이 다른 나라에 미치는 영향력이 지대하기 때문이다. 즉 미국의 구매력이 떨어지면 다른 나라의 매출이 감소하고 투자 매력도도 떨어지게 된다. 따라서 미국의 구매력에 투자하는 것은 다른 나라의 매출에 간접적인 영향을 주는 투자이므로, 가장 기본이 되는 투자 행위라고 볼 수 있다. 그래서 해외 주식투자의 가장 기본은 미국을 주시하고, 미국에 투자하는 것이다. 미국의 구매력은 포트폴리오 구성에 있어 미국 주식을 핵심자산으로 삼아야 하는 연유다. 물론 확률은 낮지만 훗날 미국의 구매력이 감소한다면 투자를 재고해볼 수도 있다.

미국 주식에
투자하라

기축통화를 발행하는 절대적 권력이 미국에 있고, 미국은 이를 통해 전 세계
자산의 가치를 조절한다.

이번에는 달러에 대해 조금 더 자세히 들여다보려고 한다. 금융
의 기본은 결국 돈인데, 시장을 주도하는 미국의 화폐가 달러이기
때문이다. 달러는 소위 국제통화라 부르는 국제통화기금 IMF의
SDR(Special Drawing Rights)[2] 중 하나다. 쉽게 말해 달러가 국가
간 거래와 국가 내부에서 범용적으로 통용 가능한 화폐라는 뜻이

---

2 금과 달러를 보완하기 위해 처음 도입되었다. 국제 유동성의 필요성이 급증해 이에 대한 보완
책으로 생겨났다. SDR은 회원국들이 외환위기 등에 처할 때 담보 없이 인출할 수 있는 권리로
흔히 특별인출권이라 불린다. 통화바스켓은 달러화, 엔화, 유로화, 파운드화, 위안화 등 5개로
구성되어 있다.

▶ SDR 통화와 주요 이머징 국가의 통화 변동성 비교(2018년 말 기준)

구분	1년	2년	5년
영국 파운드화	8.138%	8.597%	9.4615%
유럽 유로화	7.13%	7.429%	8.5207%
일본 엔화	6.282%	7.603%	8.9845%
중국 위안화	4.651%	4.195%	3.4367%
러시아 루블화	13.275%	12.751%	21.1488%
아르헨티나 페소화	27.311%	20.29%	20.6913%
터키 리라화	27.826%	21.807%	16.7152%
브라질 헤알화	15.636%	14.8%	16.5918%
남아공 랜드화	17.132%	16.256%	16.3628%

자료: 블룸버그

다. 글로벌 제1의 결제통화이자 기축통화인 것이다. 제2차 세계대전 이전에는 주로 파운드가 기축통화의 역할을 했지만 제2차 세계대전 이후에는 현재까지 달러가 통용되고 있다.

달러는 다른 통화 대비 유동성이 풍부해 유통이 용이하고 가치가 상대적으로 안정적이다. 즉 파운드화, 유로화, 엔화, 위안화 대비 통화량이 많고 가치가 널뛰지 않는다. 하지만 안정적이라는 이유 하나만으로 달러와 미국의 투자 매력도를 설명하기에는 무리가 있다. 변동성이 가장 높은 편인 5개 신흥국 통화를 기준으로 달러를 제외한 SDR과의 변동성을 비교해보면 약 2배가 넘는다. 즉 최근 국제통화로 인정받은 위안화를 제외하고는 타 통화들도 수십년간 나름 안정적으로 결제통화의 역할을 해오고 있었던 것이다.

달러의 매력도가
높은 이유

그럼 달러의 매력도가 다른 선진국의 통화보다 높은 이유는 무엇일까? 달러로 구성된 자산의 가치를 제대로 이해하기 위해서는 화폐, 즉 현재 우리가 쓰고 있는 돈(錢)에 대한 근본부터 이해할 필요가 있다. 중세 물물교환 시대 이후 제대로 된 가치교환의 수단으로 인정받은 재화는 금이었다. 금이야말로 '가치 저장 수단'에 합당한 희소성이 있었고, 당시에도 나름 유동성이 있었다. 희소성과 유동성이라는 2가지 조건을 모두 적절하게 충족했기 때문에 우리는 아주 오래전부터 금을 화폐로 사용해왔다. 물론 19세기 초 영국이 금과 파운드를 교환해주면서 금본위제도의 서막을 알리긴 했지만, 금이 본격적으로 화폐의 기능을 하게 된 계기는 세계대전을 거치면서부터라고 보는 것이 맞다.

유래 없이 큰 규모로 벌어진 세계대전의 전쟁 물자를 조달하는 과정에서 금의 중요성은 더욱 커졌다. 또한 제2차 세계대전이 끝날 무렵 유럽의 각국 정상들은 폐허가 된 도시를 복구하고자 금이 많을 것으로 추정되는 미국에서 돈을 빌리게 된다. 지금도 미국 연방은행 지하에 엄청난 금괴가 있다는 설이 대중매체(영화 〈다이하드〉 등)를 통해 흘러나올 정도이니 그럴 만도 하다. 결과적으로 참전국들이 미국에서 물자를 조달받으면서 달러가 새로운 가치 저장 수

브레튼우즈 회의 당시의 모습. 달러 사용을 공식화하는 계기가 되었다.

단으로 떠오르게 된다.

이때 미국은 35달러를 금 1온스로 책정해 달러를 복구자금으로 제공한다. 이것이 그 유명한 브레튼우즈 협정이다. 브레튼우즈 협정은 1944년 7월 각국의 대표들이 모여 전후의 국제통화질서 공조를 제도화한 것으로, 브레튼우즈 체제는 달러 사용을 공식화하는 계기가 되었다. 이후 이 체제에서 국제통화기금(IMF)이 설립되었고, 국제부흥은행(IBRD)이 출범하게 되었다.

전쟁 후 기축통화로 발돋움한 달러가 쉽게 현재의 지위를 얻게 된 것은 아니다. 곰곰이 생각해보면 달러가 기축통화가 된 데는 금과 그 가치를 가장 원만하게 교환할 수 있는 수단이기 때문이다.

산업혁명을 통해 경제가 천문학적으로 발전하고, 교역량이 폭발적으로 증가하면서 금이 가진 희소성이 한계로 작용해 달러로 대체된 것이다. 즉 매장량이 한정되어 있어 더 이상 금을 캐기가 어려웠기 때문에 유동성이 취약한 금은 뒤로 밀려날 수밖에 없었다.

달러는 현대판 금이다

금의 유통이 어려워지자 금과 가치가 연동되어 있는 달러의 가치 역시 수직으로 상승했고, 인플레이션이 유발되었다. 결국 닉슨 대통령의 금태환 정지 선언을 계기로 브레튼우즈 체제는 무너졌지만, 실제 달러와 금의 교환가치는 이후에도 사라지지 않았다. 한양대학교 임형록 교수는 저서 『글로벌 경제 매트릭스』에서, 석유수출국기구(OPEC)를 중심으로 각종 기구에서 달러를 주요 결제통화로 사용했기 때문에 달러의 실효성이 계속 상승했다고 평가했다. 그러한 흐름이 이어져 미국의 달러라는 백지수표는 전 세계 경제에서 가장 중요한 화폐로 자리매김하게 된다.

물론 금은 금본위제도라는 공식적인 틀에서 100년 이상 그 지위를 누려왔다. 당연히 하루아침에 달러가 그 자리를 대체할 수는 없었다. 하지만 과정이야 어찌되었든 결과만 놓고 보면 지금 달러의 위상은 과거 금이 누렸던 지위보다 훨씬 강하고 영향력도 더 크다. 단순히 달러가 한때 금을 대신했다고 해서 국제사회에서 기축통화의 지위를 부여했을 리 만무하다. 미국은 달러에 진짜 '금'의 가치를 부여하기 위해 금리와 유동성으로 각고의 노력을 쏟았다. 금의 지위를 물려받은 건 의도치 않은 전쟁 덕분이었지만, 각종 경제 위기 등 글로벌 이벤트 속에서도 달러가 안전자산으로서의 역할을 해낸 것은 그들의 노력 때문이었다.

흔히 달러와 유로를 비교하고는 한다. 달러가 보다 우월한 지위에서 출발했고 기축통화의 지위를 누릴 수 있는 조건을 갖추었다는 점을 논외로 치더라도, 개인적으로 통화를 관리하는 주체를 평가한다면 필자는 유럽보다 미국에 더 후한 점수를 주고 싶다. 결국 달러는 현대판 금이다. 물론 금이라는 재화는 아직도 존재하지만 현재는 달러에 많은 가치를 빼앗겼다고 볼 수 있다. 현대판 금의 가치를 조절하는 권력, 즉 기축통화를 발행하는 절대적 권력이 미국에 있고, 미국은 이를 통해 전 세계 자산의 가치를 조절한다. 불세출의 권력을 쥐고 있는 셈이다. 세계 시장을 통찰하고 안정적으로 수익을 내기 위해 미국을 주시해야 하는 연유다.

혁신을 따라
돈이 흐른다

혁신으로 현대의 미국이 세계 경제에서 중추적인 역할을 하는 이유를 설명할 수 있으며, 혁신을 앞으로의 시장을 통찰하는 지표로 삼을 수 있다.

이론경제학자 조지프 슘페터는 그의 저서 『자본주의 사회주의 민주주의』에서 자본주의 국가가 가진 부의 원천을 끊임없는 혁신과 창조적인 파괴로 규정했다. 혁신과 창조적인 파괴가 발명품을 만들어내고, 그 발명품을 잘 활용할수록 부가 축적된다는 것이다. 다만 혁신의 칼날이 무뎌지면서 결국 자본주의는 무너진다고도 언급했다. 이 슘페터의 이론에 100% 동의하는 것은 아니지만 발전이 혁신에서 비롯된다는 의견에는 공감한다. 혁신으로 현대의 미국이 세계 경제에서 중추적인 역할을 하는 이유를 설명할 수 있으며, 혁신을 앞으로의 시장을 통찰하는 지표로 삼을 수 있다.

혁신이
시장을 바꾼다

2016년 다보스포럼은 제4차 산업혁명을 선언하는 자리였다. 이제껏 산업혁명이 후행적 명명, 즉 시기가 지난 뒤에 정의되었다면 제4차 산업혁명은 선행적으로 명명되었다는 점에서 기존과 차이점을 보였다. 슘페터의 관점에서 보면 국가의 부를 축적할 수 있는 절호의 기회가 다가오고 있다고 이례적으로 선언한 것이다. 그래서 이에 따른 준비를 할 필요가 있다. 왜냐하면 이번 산업혁명을 선도하는 국가가 다음 세대의 주인공이 될 수 있기 때문이다. 필자는 미국이 이번 산업혁명에서 매우 유리하다고 생각한다. 아직까지 미국만큼 준비가 잘된 국가가 없고, 다른 나라가 지금부터 아무리 열심히 준비한다고 해도 쉽게 따라잡지 못할 것이다.

1980년대 초기 글로벌 경제 테마를 장악했던 레이거노믹스 (Reaganomics)[3]는 우리에게 매우 익숙하다. 1973년과 1979년에 일어난 2번의 오일쇼크로 미국은 경기 침체와 물가 상승이 동시에 나타나는 스태그플레이션(Stagflation)을 겪었다. 미국 경제의 상흔을 수습하기 위해 당시 공화당 정부는 기업의 법인세와 고소득자,

---

3 미국 제40대 대통령 로널드 레이건에 의해 추진된 정책으로 '레이건'과 '이코노믹스'의 복합어다. 세출의 삭감, 소득세의 감세, 기업에 대한 규제 완화 등으로 요약된다.

부자의 소득세를 대폭 인하해 경제 활성화를 유도했다. 문재인 정부 이전의 10년과 매우 유사해 보인다. 하지만 당시 레이건 정부는 이에 그치지 않고 경제에서 기업의 역할을 높이 평가하며 '기업가 정신(Entrepreneurship)'을 강조했다. 더불어 청년 창업과 벤처 창업을 장려했다.

로널드 레이건 대통령. 그는 레이거노믹스와 끊임없는 혁신으로 위기에 대응했다.

어려운 경제 상황을 타개하기 위해 기업이 해결할 수 없는 문제를 정부가 간접적으로 풀어주려는 의도가 다분했다고 볼 수 있다. 어찌되었든 결과적으로 미국은 경제 위기 속에서도 젊은이들이 꿈과 희망을 펼칠 수 있는 토대를 마련했다. 필자는 현재의 애플, 구글, 페이스북, 아마존 등이 바로 이러한 토대 위에서 끊임없는 혁신을 거듭해 성공할 수 있었다고 생각한다. 위기 속에서도 세계 최고의 벤처군단을 육성한 것이다. 혁신과 기업가 정신의 개념이 만나 실리콘밸리가 만들어지고, 제4차 산업혁명에 대처할 수 있는 체제가 구축되었다.

미국이 레이거노믹스와 끊임없는 혁신으로 위기와 변화에 잘 대비해왔다고 하더라도, 이러한 혁신의 토대가 일상과 동떨어져 있다면 제4차 산업혁명까지 선도할 수는 없을 것이다. 어느 날 갑자기 "이제 새로운 산업혁명이 시작될 거야!"라고 떠든다고 해서 변화가 바로 이루어지는 것도 아니고, 새로운 아이디어를 반영한 제품을 생산해낸다고 해서 사용자나 일반인이 그대로 받아들일 수도 없는 노릇이다. 결국 가랑비에 옷 젖듯이 일련의 변화가 자연스럽게 일상에 스며들어야 한다. 우리가 실리콘밸리에서 탄생한 윈도우와 워드, 엑셀, 아이폰, 구글 등이 없는 인생을 상상할 수 없듯이 변화도 이렇게 일상에서부터 시작되어야 한다.

아마존을 통한 '직구'에 익숙해져 있는 것처럼 우리는 이미 글로벌 기업이 만든 산물을 통해 제4차 산업혁명을 자연스럽게 받아들일 준비가 되어 있다. 하지만 반대로 말하면 미국의 청년들이 만들어낸 혁신이 우리의 삶을 이끌고 영위하고 있다는 의미도 된다. 앞으로 다가올 제4차 산업혁명 시대를 잘 대비한다면 그들과 함께 나아갈 수도 있겠지만, 수동적으로 받아들이기만 한다면 그들이 앞서간 길을 따라가기만 하게 될 것이다.

↗

혁신의 흐름을
읽으면 시장이 보인다

더 놀라운 것은 우리가 알고 있는 미국의 IT기술이 빙산의 일각이란 점이다. 전통적으로 '발견'의 영역으로 여겨졌던 오일(기름)에서도 미국의 혁신이 손을 뻗쳤다. 바로 셰일오일이다. 유가는 우리 경제생활에 큰 영향을 미치는 중요한 요인이다. 중동 산유국을 중심으로 설립된 OPEC을 기반으로 참여국들이 오일 생산량을 결정하고 있지만, 과거와 달리 현재는 그들에 의해 일방적으로 원유 가격의 등락이 결정되지 않는다. OPEC이 원유 가격을 결정했던 건 우리 앞 세대 시절의 이야기다. OPEC의 영향력이 감소한 이유는 늘어난 변수 때문이기도 하지만 특히 셰일오일 생산량이 결정적이었다.

이제 시장의 흐름을 파악하려면 셰일오일 채굴을 위한 파이프라인을 주시하고, 미국의 원유재고 발표를 주간 단위로 챙겨 봐야 하는 시대가 되었다. 그뿐인가? 유가는 본래 물건의 원가에 미치는 영향이 지대해 금리를 좌우하는 인플레이션과도 상관관계가 높다. 결국 미국 기업이 이번 주에 텍사스 사막 한가운데에 파이프를 몇 개 꽂았느냐가 앞으로의 인플레이션을 좌우하는 키가 된 셈이다.

참고로 미국은 전 세계에서 셰일오일이 가장 많이 매장된 국가다. 미국 다음으로 중국에 셰일오일이 많다는 기사를 쉽게 볼 수 있을 것이다. 그럼 중국도 셰일오일을 꺼내 중동과 미국의 원유 전쟁에 끼어들면 될 일이다. 하지만 중국은 그러지 못한다. 적어도 당분간은 그러지 못할 것이다. 셰일오일은 하루아침에 발견되어 세상에 선보여진 것이 아니다. 미국 지질학자들은 아주 오래전부터 셰일이라는 바위에 기름이 존재한다는 사실을 알았다. 하지만 기술이 발전하지 못해 기존의 방식으로는 채산성이 맞지 않았고, 그래서 미국은 1980년대부터 셰일오일 채굴 방법을 개발해 2008년이 되어서야 기술력을 완성 단계까지 끌어올릴 수 있었다. 중국이 혁신을 거듭한다고 해도 단기간 내에 자국에 적용할 수 있는 셰일오일 채굴 방법을 터득하기란 쉽지 않을 것이다.[4]

필자가 미국에서 공부할 때 재무 교수님께서 "경영에서는 S자 곡선의 우상향이 가장 으뜸"이라는 말씀을 하셨다. 가만히 보면 시장 참여자들은 주식 차트도 그렇고 기업의 매출도 S자 곡선을 그리며 상승할 때 매우 설레고는 한다. S자에서는 정체기와 상승기가 연이어 나타나는데, 주로 기술의 발전이나 프로세스 개선 등의 혁신이 상승의 원인이 된다. 세계 금융 시장이 S자 곡선의 우상향을 기대하고 있는 작금의 상황에서 만일 제4차 산업혁명이 핵심 상승 동력이라면 앞으로의 시장은 어떻게 움직이게 될까? IT기업으로 중무장한 채 셰일오일이라는 무기까지 만들어 전통적인 원자재 시장을 좌지우지하는 미국의 행보가 무서울 따름이다.

---

4 물 부족 국가인 중국이 현대의 셰일오일 채굴 방법인 '수압 파쇄법'을 적용하기란 쉽지 않아 보인다.

신흥국 주식투자의
원칙과 순서

신흥국 주식투자에 관심을 보이는 투자자들이 늘어나고 있다. 정말로 괜찮은
신흥국은 5년 뒤, 10년 뒤의 모습을 고려해 접근해야 한다.

투자의 관점에서 매력적인 신흥국을 발굴하고 선별하는 작업은 매
우 중요하다. 개발도상국이라고도 불리는 신흥국은 선진국과 달리
앞으로 발전할 가능성이 무궁무진하기 때문에 기대수익률에 대한
기대심리도 매우 높다. 수익률에 대한 기대심리는 투자의 매력도
를 좌우하는 중요한 요인인 만큼 신흥국 주식에 관심을 보이는 투
자자들도 꾸준히 늘어나고 있다. 쉽게 말해 신흥국을 투자 대상으
로 고려한다는 건 리스크를 감수하고 기대수익률이 높은 투자처를
물색하는 것과 같다.

　물론 위험자산에 대한 투자심리를 훼손하는 시장 분위기, 즉 변

투자의 관점에서 매력적인 신흥국을 발굴하고 선별하는 작업은 매우 중요하다.

동성이 커지는 분위기가 형성되면 매력적인 신흥국이라 할지라도 선진국에 비해 기대심리가 부정적일 수밖에 없다. 특히 유동성이 많은 시장에서 변동성을 야기할 이벤트가 많아진다면 상대적으로 안전한 선진국으로 자금이 쏠리게 되어 더더욱 신흥국에 대한 메리트가 적어진다. 그러나 이는 단기적인 관점으로 접근할 때의 일이다. 정말 괜찮은 신흥국은 5년 뒤, 10년 뒤의 모습을 고려해 접근해야 한다. 천지개벽이 일어날 나라에 대한 투자를 고작 눈앞의 변동성이 두려워 못하겠다는 건 변명이다. 따라서 몇 가지 원칙을 세우고 순서를 지킨다면 투자할 '결심'을 세우고 '확신'을 더하는 데 도움이 된다.

원칙과 순서가
중요한 이유

필자의 경우에는 기본적으로 투자 자산 선정 시 '접근성'에 무게를 둔다. 개인적으로 장기투자를 하기 위해 부동산을 선별할 때도 제주도나 경상도, 전라도의 물건보다는 거주지와 가까운 경기도와 서울 주변 물건에 더 관심을 둔다. 물리적으로 먼 곳은 기대수익률이 커도 자주 가볼 수 없어 불안하다. 무슨 일이 일어났고, 또 앞으로 무슨 일이 일어날지 세밀히 확인할 수 없기 때문이다. 앞서 언급했듯 투기가 되지 않으려면 과정에 충실해야 하는데, 당연히 자주 갈 수 없는 곳보다는 주말에라도 마음먹고 갈 수 있는 곳이 유리하다. 한 번이라도 더 보고 확신을 가질 수 있는 곳 말이다.

그래서 중남미, 아프리카, 동유럽, 중동 등 원거리에 위치한 국가의 주식은 유효 비중 이상의 투자를 생각해본 적이 별로 없다. 폴란드의 FDI[5] 비중이 늘었을 때도, 브라질 헤알화의 안정으로 위험자산 수급이 좋아졌을 때도 주가 상승을 예상했지만 유니버스(투자군)에 올려놓은 적이 없다. 심지어 운용회의에서도 말을 꺼낸 적이 없다. 지금 당장 호재가 있더라도 언제까지 투자를 해야 할지 확신

---

5 외국인직접투자. 외국인이 단순히 자산을 운용하는 데 그치지 않고 경영 참가 등 지속적인 관계를 수립할 목적으로 투자하는 것을 말한다.

▶ **아세안 9개국과 인도의 주요 주가지수**(2019년 3월 1일 기준)

국가명	주요 주가지수	규모(억 달러)	주식 수
라오스	LSXC Index(Loas Security Composite Index)	6.31	9
말레이시아	FBMKLCI Index(FTSE Bursa Malaysia KLCI Index)	2,651	30
미얀마	MYANMAR Index(Solactive Myanmar-Focused Asia Index)	-	15
베트남	VN Index(Vietnam Ho Chi Minh Stock Index)	1,383	376
싱가포르	STI Index(Strait Times Index)	4,190	30
인도네시아	JCI Index(Jakarta Stock Exchange Composite Index)	5,139	628
캄보디아	CSX Index(Cambodia Stock Exchange Index)	1.24	5
태국	SET Index(Stock Exchange of Thailand Index)	5,261	606
필리핀	PCOMP Index(Philippines Stock Exchange PSEi Index)	721	30
인도	NIFTY Index(NSE Nifty 50 Index)	6,121	50

자료: 블룸버그, 거래소

을 갖는 것이 쉽지 않고, 시장 변화에 즉각 대응하기 어렵기 때문이다. 그럴 바에는 차라리 실시간으로 정보 확인이 가능한 선진국 미국에 투자하는 것이 낫다고 생각했다. 물론 지구 반대편이라도 언제든지 수화기를 들어 분위기를 확인할 수 있는 운용조직이 있다면 다른 판단을 할지도 모른다.

그러한 이유로 상대적으로 가까운 중국과 인도, 아세안(동남아시아국가연합)에 줄곧 많은 관심을 가져왔다. 필자에게는 국내 은행과 증권사들이 이미 진출해 실시간은 아니더라도 많은 정보를 단기간에 받을 수 있거나, 여차하면 비행기를 타고 몇 시간 만에 닿을 수 있는 곳이 투자 자산 후보로 더 매력적이었다. 그러나 중국은 논외로 하더라도 아세안이라고 해서 10개국(주식 시장 기준으로는 9개국) 모두에 투자하기란 어려운 일이다. 최근 큰 시장으로 주목받고 있는 인도라고 해서 예외일 수는 없다. 투자란 모름지기 상대적으로 더 매력적인 자산을 찾고, 안정성까지 고려해야 하기 때문에 더욱 원칙과 순서가 중요하다.

펀드매니저마다 각자 나름의 매크로 분석기법과 투자 매력도 산정으로 투자 여부와 비중을 결정하겠지만, 필자는 신흥국 선별을 위해 접근성에 대한 고민이 끝나면 대 달러 환율과 정부 정책, 기업 실적, 밸류에이션을 순서대로 확인한다. 그중에서도 환율과 정부 정책을 가장 비중 있게 고려한다. 그 이유는 신흥국 환율은 국가의 펀더멘털(기초 경제 여건)을 종합적으로 반영하는 지표이고, 주가 인덱스를 견인하는 외국인 수급을 좌우하는 핵심 요소이기 때문이다. 투자 여부를 판단하기 위해 반드시 파악해야 할 부분들을 차례대로 살펴보자.

1. 대 달러 환율

대 달러 환율은 그 나라의 화폐 가치를 다른 나라와 단적으로 비교하는 지표라고 볼 수 있는데, 대 달러 환율이 불안정하게 하락한다는 것은 국가 내 달러가 부족하다는 뜻으로도 풀이할 수 있다. 향후 위기감이 커질 소지가 있는 것이다. 또한 대 달러 환율이 불안정할 경우 상대적으로 자금 유출 가능성이 높아져 투자자 입장에서는 앉은 자리에서 환차손으로 손해를 볼 수도 있다. 반대로 환율이 안정적이거나 가치가 상승하는 기조에 있으면 외국인 투자자의 입장에서는 그냥 현금으로 보유해도 환차익이 나기 때문에 해당 국가 자산에 투자할 명분이 생긴다.

2. 정부 정책

한 나라의 경제와 증시에 중요하고 직접적인 영향을 미치는 정책은 크게 통화 정책, 재정 정책 그리고 기업 활동 및 투자 관련 정책으로 구분된다. 통화 정책은 경기의 흐름에 대한 영향도가 가장 무거운 정책으로 물가 및 고용 안정과 직결된다. 특히 신흥국의 통화 정책은 중앙정부의 입김에 좌우되지 않는지가 무척 중요하다. 재정 정책은 정부 곳간의 고삐를 풀고 조임으로써 경기를 활성화시키거나 과열을 조정하는 역할을 한다. 마지막으로 기업 활동 및 투자 관련 정책은 그 나라가 나아가야 할 방향성, 즉 이정표가 녹아있는 부분이다. 주식이 기대감을 반영한다는 전제하에 국가가 시장에 활력을 줄 수 있는 방향으로 나아가야 한다. 그래야 그 기대감에 더 큰 온기를 불어넣을 수 있다고 생각한다. 그래서 정책을 볼 때는 기업 활동 및 투자 관련 정책을 바탕으로 기대감을 자극하는 신규 친기업 정책 비중과 내용을 확인하고, 그다음 이를 추진하는 데 필요한 개혁 의지를 정성적으로 평가할 필요가 있다.

국가는 기업의 지속적인 발전을 위해 소위 '판'을 깔아주는 일을 하게 마련이다. 이를 위해서 정부는 기업 친화적 정책과 가이드라인을 담은 비전을 수립하는데, 신흥국 정부는 우선 인프라 투자 및 국가 기반산업 개발을 위한 FDI 확대 정책이 절실히 필요하다. 또한 기업들로 하여금 마음 놓고 신사업에 진출하고 투자할 수 있도록 분위기를 조성하는 각종 보조금과 감세 정책 등의 직접적인 항목도 있는지 살펴볼 필요가 있다. 무엇보다도 1960~1980년대 우리나라처럼 제조업을 일으켜 첨단산업으로 도약하는 일련의 과정이 가장 중요하다. 즉 제조업의 상황을 중점에 두고 투자 여부를 판단해야 한다. 산업의 근간이 되는 제조업이 부실한 상태에서 고도의 기술 사업부터 시작한다고 달려들게 되면 결국 해외 기술에 의존할 수밖에 없다. 해외 기술에 대한 의존도가 높을수록 자생적 발전이 어렵기 때문에 제조업이 튼튼하지 않으면 고부가 가치 사업에 대한 전망도 불투명해진다. 생산 경험 없이 사업의 크기를 확대한다는 건 어불성설이다.

3. 개혁 의지

다음으로 개혁 의지를 짚어봐야 하는데, 신흥국은 정치 특성상 독재 정부인 경우가 빈번하고 민주화의 역사 역시 오래되지 않아 투명하게 국가가 운영되지 않는다. 그래서 부정부패가 심할 수 있어 이러한 부분을 바로잡아줄 수 있도록 정보 공개가 공정하고 투명해야 한다. 그러지 않으면 투자자 입장에선 안심하고 투자할 수 없다. 부정부패 척결과 개혁의 움직임이 수반되는 모습을 보인다면 이상적이다. 정부가 강력한 의지를 가지고 어느 정도 실행에 옮겼는지, 시간이 걸리더라도 개혁을 밀고 나갈 수 있는 의지가 있는지 등을 꼼꼼히 따져봐야 한다.

이러한 친기업 정책과 정부 개혁 의지를 실천하기 위해서는 국민성이 담보되어야 한다. 결국 국민 스스로가 더 나은 삶을 영위하려는 의지가 있어야 하며, 도전적이고 긍정적인 성향을 가지고 있어야 한다. 그래서 노동가용 인구의 나이가 젊을수록 유리한데, 평균 나이가 젊은 국가일수록 외부 문화에 대한 수용과 학습에도 적극적이어서 유연하게 미래를 도모할 수 있기 때문이다.

4. 기업 실적과 밸류에이션

정부 정책과 개혁 의지까지 살펴봤다면 기업 실적과 밸류에이션이 다음 순서다. 구체적인 숫자를 보기 전에 신흥국은 국가성장률을 살펴봐야 한다. 일반적으로 신흥국의 GDP 성장률은 특성상 5~6% 수준 이상을 기대한다. 그러나 단순히 결과만을 살펴보기보다는 일부 기업이 성장률 전체를 대변하는지, 아니면 비교적 전반적인 상승이 이루어지는지 따져볼 필요가 있다. 또한 국가 경제의 성향이 수출 주도적인지 내수 비중도 따져봐야 한다. 수출이 GDP의 절반 이상을 차지하는 국가는 정부 주도 성장이 원활해 성장 속도가 빠를 수 있으나, 글로벌 경기의 영향을 많이 받아 글로벌 신용리스크가 높다고 보는 것이 합리적이다.

만일 내수의 비중이 상당하다면 수출 주도 국가보다는 안정적인 배경을 가지고 있는 경우인데, 내수를 좌우하는 실제 소비 상황을 지속적으로 업데이트할 필요가 있다. 이를 위해서는 현지에 출장을 가서 대형마트, 백화점, 부동산 등을 방문해 직접 살펴보는 방법이 가장 좋다. 그러나 출장이 여의치 않을 경우에는 실업률과 물가, 소매 판매 등의 소비지표와 연관 데이터를 유심히 모니터링해야 한다. 전반적인 국가성장률의 분석 이후 기업의 개별 발표를 모니터링해 성장세를 확인하는 작업 역시 필수적이다. 실적이 발표되면 주가의 적정 가치는 자연스럽게 산출되므로, 과거 데이터를 기초로 한 역사적 분석과 타 신흥국과의 상대적 비교로 적정 가치 대비 현재 가치의 매력 여부를 확인할 수 있다.

원칙과 순서에 입각해 신흥국을 판단해보자

정리하면 우선 절상 기조의 대 달러 환율로 투자의 기본적인 가능성을 타진하고, 친기업 정책과 부정부패 척결의 의지가 충만한 연 5~6% GDP 성장률을 기록하는 국가들을 추린다. 그다음 해당 국가의 인덱스를 구성하는 주요 기업이 매 분기 양호한 실적을 기록하고, 그에 따른 인덱스 평가 가치가 매력적인지 파악해 최종 투자 여부를 결정한다. 하지만 프로세스에는 유연성이 필요하다. 가령 환율도 안정적이고 정책도 좋은데 주가 자체가 비싸다고 투자를 못하는 것은 아니다. 정책의 내용 중 신기술 내용이 많다면 가격이

▶ **아시아 주요 9개국 환율 비교**(2010년 7월 1일 100pt 기준 상대평가)

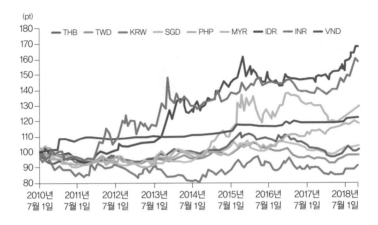

자료: 블룸버그

비싸더라도 접근해볼 만하다. 또한 정책도 좋고 기업 실적도 좋은
데 환율이 불안하다고 나아질 때까지 마냥 기다리는 것도 미련한
일이다. 그래서 순서대로 검토하되 상황에 맞게 비중을 조절하는
혜안이 더 중요하다.

　이제 앞서 배운 원칙과 순서를 한번 대입해보자. 아세안 10개국
중 선진국인 싱가포르를 제외하고 아직 갈 길이 먼 개발도상국 태
국, 말레이시아, 베트남, 필리핀, 인도네시아, 그리고 주변국 인도까
지 고려해보도록 하겠다. 중국의 경우에는 이미 G2의 경제 규모를
가지고 있어 주변국과의 비교가 어렵다. 그리고 앞서 언급한 요소
들 대부분에 부합해 본 투자 프로세스를 적용하는 것은 불합리하
다. '넥스트 차이나'를 찾는 작업에 중국을 넣는 것이 앞뒤가 맞지

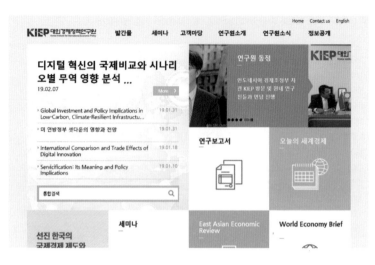

대외경제정책연구원 홈페이지 화면. 각국의 정책 자료를 찾아볼 수 있다.

않는 것도 사실이다. 따라서 중국은 별도의 판단 기준을 가지고 단기적으로 트레이딩을 하거나 투자자 개인이 확신을 가지고 장기투자하는 방법을 권한다.

상기 차트는 각국의 환율을 100pt로 일괄 설정한 뒤 이후 추이를 상대평가한 것이다. 상대적으로 선진국인 싱가포르 싱가포르달러(SGD)는 논외로 두고 다른 나라의 추이를 살펴보면, 2018년 들어 인도 루피(INR)와 인도네시아 루피아(IDR) 환율의 절하 속도가 가파른 것을 알 수 있다. 반대로 태국 바트(THB), 한국 원(KRW)은 안정적인 모습을 보이고 있고, 베트남 동(VND)은 훨씬 더 안정적이다. 필리핀 페소(PHP)는 지속적으로 약세 기조를 보이고 있으며, 말레이시아 링깃(MYR)은 약세 기조이지만 변동성이 더 있다. 환율로만 판단하자면 태국, 한국, 베트남은 합격이고 인도와 인도네시아는 불합격, 필리핀과 말레이시아는 애매한 상황이다. 물론 환율 하나만으로 투자 여부를 판단해서는 안 된다. 정부의 정책과 개혁 의지, 기업 실적, 밸류에이션 등을 종합적으로 고려해야 한다. 대외경제정책연구원 홈페이지(www.kiep.go.kr)에서 양질의 해외 정책 관련 자료를 살펴볼 수 있으니 참고하기 바란다.

다시 말하지만 신흥국은 개발도상국이다. 개발 중인 국가라는 뜻으로, 개발도상국은 중동과 같이 원자재(원유) 일색의 국가 산업을 구성하지 않는 한 제조업이 바탕이 되는 것이 일반적이고 바람직하다. 노동력이 싸기 때문이다. 또한 개발도상국은 아직 제대로 돈을 벌지 못했기 때문에 자금을 끌어와 정책을 추진해야 하는데, 그때 활용되는 것이 외국 자본이다. 그래서 FDI를 위한 우호적 정책이 반드시 포함되어야 한다. 그러한 관점에서 필자가 주목한 투자 지역은 베트남, 그리고 환율 때문에 조심스럽지만 인도네시아와 인도다. 이들 국가가 친기업 정책을 바탕으로 FDI에 우호적이고 제조업 육성을 적극적으로 고려하며 개혁 의지가 있는 곳이기 때문이다. 그래서 상대적으로 더 매력이 있다.

태국, 말레이시아는 제조업과 자원에서 생산되는 부가가치가 경제에 많은 비중을 차지하고 있음에도 불구하고 고부가 가치 사업을 추구하는 분위기다. 또한 필리핀도 제조업보다는 그보다 한 단계 높은 도약을 노리는 정책들이 눈에 띄기 시작해 우선은 시간을 두고 지켜봐야 할 것 같다. 물론 이들의 도전이 성공한다면 개발도상국의 단계를 더 빨리 벗어날 수도 있겠지만, 앞서 이야기했듯이 필자의 가장 중요한 판단 근거 중 하나는 튼튼한 제조업 기반의 경제 구조이므로 당분간은 더 지켜보는 것이 낫다고 본다.

베트남, 인도네시아, 인도를 주목하라

어떤 부분에 더 가중치를 두느냐에 따라 향후 전망과 투자 여부에 대한 판단은 달라질 수 있다. 베트남, 인도네시아, 인도 3개국을 주목하자.

앞서 어떤 원칙과 순서로 투자할 지역을 선정해야 하는지 알아보았다. 그러한 관점에서 필자는 베트남, 인도네시아, 인도 3개국이 주목할 만한 투자처라 생각한다. 이는 필자 개인의 의견이며, 시의성에 따른 이견이 있을 수 있어 향후 전망과 투자 여부는 각자 판단해보기 바란다. 대 달러 환율만 놓고 보면 인도네시아와 인도는 조심스럽게 접근해야 하지만, 어떤 부분에 더 가중치를 두느냐에 따라 평가는 달라지기 마련이다. 필자는 이 국가들이 친기업 정책을 펼치고 있고, 제조업 육성에 적극적이라는 점, 그리고 개혁 의지가 높다는 점에서 후한 점수를 주었다.

외국 자본에
개방적인 베트남

1986년에 시행된 도이머이 정책[6] 이후 소련이 붕괴되면서 우방을 잃은 베트남이 실질적으로 세상에 나온 해는 1991년이다. 이때부터 본격적으로 개방을 외친 지 벌써 30년이 다 되어간다. 중국보다 10년 이상 늦게 개방의 기치를 올렸기 때문에 상대적으로 더디게 느껴지지만, 베트남은 굉장히 유망한 투자처다. 최근 매년 5% 이상의 성장을 기록하고 있고, 2017년에는 6.8%의 성장을 기록하며 넥스트 차이나의 지위를 노리고 있다. 주가도 호치민지수(VN Index)를 기준으로 최근 500pt 수준에서 900pt까지 상승했다. 달러 기준으로 보더라도 환율의 절하 폭이 타 신흥국 대비 크지 않아 60% 수준의 상승률을 보이고 있다.[7]

베트남은 중국 진나라에서 이주한 기록을 바탕으로 유교 문화권에 속한다고 보는 것이 일반적이며, 이러한 이유로 한국과도 분위기가 매우 비슷하다. 전체 외국인 투자자금 중 한국의 비중이 약 20%로 가장 높은 비율을 점유하는 이유도 이러한 맥락 때문일 것

---

6 '쇄신'을 뜻하는 베트남어. 공산주의를 유지하면서 대외 개방과 자본주의를 접목시키려 한 정책이다.
7 베트남의 안정적인 환율은 정부의 개입에 따른 결과다. 베트남 정부는 주로 연초에 상황에 맞게 환율을 절하해 방어한다.

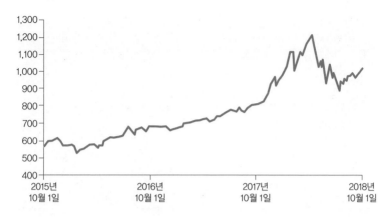

▶ 베트남 호치민지수 추이

자료: 블룸버그

이다. 최근 국내 일부 시중 은행에서 고액 자산가를 대상으로 해외 부동산 투자를 제안하며 붐을 이루기도 했는데, 덕분에 베트남 부동산 회사 빈홈(Vinhomes)에서 운영하는 대규모 주상복합단지의 방 2개짜리 아파트는 최근 3억 5천만 원을 넘어서는 호황을 누리고 있다.

필자가 근래 베트남 호치민에 방문했을 때는 이미 빈홈에서 지은 한 주상복합단지의 분양이 종료된 상태였다. 대치동의 주상복합단지보다 규모가 큰 물건이 미분양 없이 모두 분양된 것이다. 한참 개발 중인 호치민의 정경은 한국의 1980년대 신도시와 흡사했다. 물론 필자가 직접 보고 겪은 호치민의 발전상이 베트남이 가진 가능성을 전부 대변하고 있지는 않다. 하지만 분명한 건 아시아 국

베트남 경제 중심지 호치민의 정경. 1980년대 한국 신도시와 흡사하다.

가 중 베트남이 가장 안정적인 대 달러 환율을 가지고 있으며, 인
구수가 1억 명에 가깝다는 점이다. 젊은 층의 비중도 크다.

기업들이 급성장하고 있는 점도 베트남의 투자 매력을 높이는
요인 중 하나지만, 필자는 국민들의 개방적인 자세와 외국인에 대
한 포용력에 더 큰 가점을 두고 싶다. 삼성전자가 베트남 수출의
1/4을 차지하고, 약 3천 개의 국내 기업이 진출해 베트남 시장에
많은 영향을 주고 있지만 이를 반대하거나 두려워하지 않는다. 오
히려 받아들이고 체화하려는 베트남인들의 자세가 매우 긍정적인
투자 요인이라 생각한다.

실제로 필자가 현장에서 만난 베트남인들은 외국 자본과 산업에
긍정적이었으며, 오히려 적극적으로 이를 받아들여 넘어서고 싶

▶ 호치민지수와 예상주가수익비율 비교

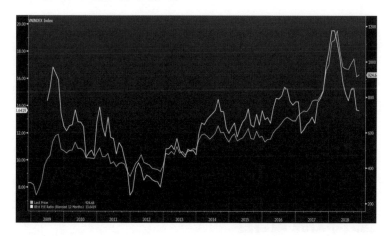

자료: 블룸버그

다는 포부도 내비쳤다. 2018년 우리금융연구소에서는 이에 대해 FDI뿐만 아니라 국제금융기구로부터 많은 원조를 받아 발전했기 때문이라고 〈중국·베트남 모델과의 비교를 통한 향후 북한의 개혁·개방 전망〉 보고서에서 언급한 바 있다. 하지만 개인적으로는 베트남이 인도차이나 전쟁의 승전국이자, 미국을 상대로 승전을 기록한 전 세계 유일의 국가이기 때문이라고 생각한다. 100년간의 프랑스 지배를 극복하고 독립한 역사 역시 그들이 자신감을 갖게 한 원인일 것이다.

물론 베트남이 장점만 있는 것은 아니다. 밸류에이션을 보면 그리 긍정적이지만은 않다. 12개월 미래의 이익을 바탕으로 계산되는 예상주가수익비율(Forward PER)과 호치민지수를 비교해보면

2018년 주가가 저렴한 수준은 아님을 알 수 있다. 흰색 선이 예상 주가수익비율, 노란색 선이 호치민지수다. 다만 다른 나라와 비교해보면 현재의 밸류에이션도 상대적으로 합리적인 수준이다. 단기 변동성이 있더라도 중장기적인 투자 관점에서 접근하기에는 베트남이 1순위라고 본다.

장기투자에 적합한 인도네시아

순위로 매기기 애매하지만 인도네시아 또한 매력적인 투자처다. 다만 환율이 약세 기조에 놓여 있기 때문에 중단기투자보다는 부동산처럼 장기적으로 접근하는 것을 권한다. 대 달러 환율의 약세 기조가 쉽게 꺾이진 않겠지만, 제조업이 어느 정도 궤도에 오르고 경상수지의 흑자 폭이 확대되면 강세 기조로 전환될 것이다. 이러한 거시경제 지표의 턴어라운드(내실이 큰 폭으로 개선되어 흐름이 바뀌고 급등하는 현상)는 정치적·국민적 노력이 수반되어야 하기 때문에 정부에서 공을 많이 들여야 한다. 시간도 필요한 작업이다. 그래서 투자를 염두에 두고 있다면 처음부터 장기적인 안목으로 접근하는 것이 옳다.

인도네시아는 베트남 호치민에서도 비행기로 약 3시간(자카르타

인도네시아 지도. 섬이 5천km에 달하는 길이로 넓게 퍼져 있다.

기준)이 걸리는 '따뜻한 남쪽 나라'다. 인구가 2억 6천만 명에 이르고, 1만 7천 개의 섬이 5천km에 달하는 길이로 넓게 퍼져 있으며, 수마트라, 자바, 칼리만탄, 슬라웨시 등의 섬으로 이루어져 있다. 이렇게 넓은 지역에 바다를 끼고 섬들이 퍼져 있어 천연자원과 관광자원이 풍부하고, 관련 신규 사업도 매우 유망하다.

투자자들이 본격적으로 인도네시아에 대한 투자를 고려하기 시작한 때는 직선제로 뽑힌 첫 대통령 유도요노가 집권하면서부터다. 이전 정권에서도 다른 신흥국 수준의 경제성장률을 보여 주목을 받았으나, 유도요노 대통령은 특히 시장 경제를 추구하고 해외기업과 외자 유치에 힘을 쏟았다. 이러한 그의 시장 친화적인 자세는 『아세안에서 답을 찾다(최근환 저, 2017)』에 잘 정리되어 있다. 이후 2014년부터 집권한 조코 위도도 대통령 또한 시장 경제 기조를

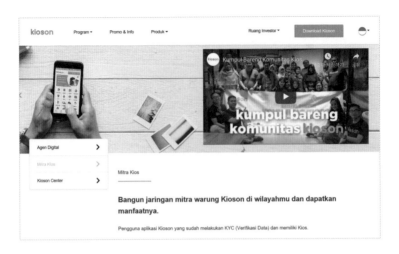

키오손 홈페이지. 키오손은 인도네시아 주식 시장에 상장된 최초의 스타트업이다.

추구하며 연간 7%의 경제성장률을 기록하고 있다. 또한 공항, 항만, 도로 등의 인프라 건설과 새로운 교통 시스템 개발 등으로 제조업 강국을 향한 힘찬 발걸음을 이어나가고 있다. 2017년 5월에는 S&P로부터 투자 적격 등급을 받기도 했다.

투자처로 인도네시아가 더욱 매력적으로 느껴지는 이유는 '젊은 국가'라는 점이다. 인도네시아 현지에서 무역과 철강, 부동산 투자 사업을 하고 있는 이녹스(INNOX) 이승준 대표는 인도네시아의 강점으로 제조업의 무한한 발전 가능성을 꼽았다. 더불어 다양한 산업의 발전 가능성도 높이 샀다. 인도네시아는 젊은 국가답게 노동 가능인구가 풍부해 제조업 발전 가능성의 근간이 되고 있다. 또한 새로운 사업에 유연하게 대응하고, 마인드도 개방적이다. 인도네시아의 스타트업 통계가 이를 잘 대변해주는 지표인데, 실제 인도네시아에서는 약 2,400개의 스타트업이 존재한다고 한다. 대표적인 회사로는 키오손이 있다. 키오손은 O2O 마케팅 회사로 인도네시아 주식 시장에 상장된 최초의 스타트업이다.

동남아시아의 기업 문화 특성상 겸업이 허용되고 있어 젊은이들은 더더욱 신규 사업 발굴에 적극적이다. 인도네시아 내 글로벌 대기업의 부재가 젊은이들로 하여금 타성에 젖어 있기보다 스스로 '새로운 도전'에 나서게 하는 풍토로 이어졌다. 이러한 문화가 바탕이 되어 젊은이들이 신체적으로 힘든 제조업에서 일하는 것을 경시하거나 회피하지 않으며, 오히려 스스로 동기를 부여하고 있다. 실제로 자카르타 외곽에 위치한 나이키, 컨버스 제품을 OEM(주문자에게 위탁을 받아 생산한 완제품을 주문자의 브랜드로 판매하는 방식) 생산하는 KMK 글로벌스포츠그룹[8] 공장을 방문하니 이런 분위기를 체감할 수 있었다. 숙련된 노동자로 구성된 실내 신상품 개발실 직원들과 일이 가장 고된 현장 노동자들의 표정이 별반 다르지 않았으며, 시종일관 진중하면서도 즐거운 모습이었다. 특히 라인의 특성상 대부분 수작업으로 이루어지는 생산 과정에도 불구하고 노동자들이 능동적으로 작업에 임하는 광경은 굉장히 인상적이었다. 노동집약적 제조업을 3D업종이라 회피하는 현재의 우리와는 사뭇 다

8　KMK 글로벌스포츠그룹은 인도네시아의 젊은 노동력을 바탕으로 나이키, 컨버스 등 유명 신발 브랜드의 OEM 생산을 담당한다. 인도네시아 최대의 신발 제조 회사로 연간 180만 켤레를 생산하고, 나이키 단일 브랜드의 경우 전 세계 물량 중 약 4%를 생산하고 있다.

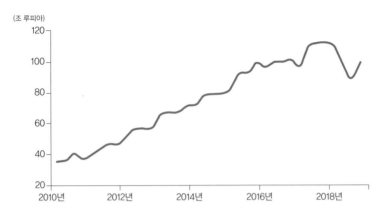

▶ 인도네시아 외국인 투자자금 현황

(조 루피아)

자료: 트레이딩이코노믹스

른 모습이었다. 우리나라 공장들도 1980년대 이전에는 이렇게 활기찬 모습이었기 때문에 이들의 미래도 매우 밝을 것이라는 확신이 들었다.

　인도네시아 투자를 베트남보다 보수적·장기적으로 고려하라고 권유하는 이유는 대 달러 환율과 정치적 이슈 때문이다. 환율 이슈에 대한 우려는 금리 인상으로 완화될 수 있지만 문제는 정치적 이슈다. 조코 위도도 대통령 취임 이후 부정부패에 대한 개혁을 시도한 점에선 높은 점수를 줄 수 있지만, 2019년 대선을 앞두고 개혁의 강도가 약화된 점은 직선제 대통령의 정치 기반이 그리 탄탄하지 않다는 반증이기도 하다. 더욱이 2018년 들어 외국인 투자자금이 축소되었는데, 환율 등 원인은 여러 가지가 있겠지만 외국인 투

자자들 역시 일련의 정치적 행태를 주시하고 있기 때문이라 생각
한다.

차트에서 알 수 있듯이 2010년부터 지속적으로 상승하던 외국
인 투자자금이 2018년 들어 급감하는 모습을 보인다. 따라서 인도
네시아에 대한 투자는 장기적인 안목을 갖고 접근해야 하며, 투자
시점에 정치적 이벤트가 있을 경우 이후 환율의 안정세와 FDI 추
이를 감안해 진입하는 것이 합리적이다. 제조업에 대한 정부 정책
과 풍부한 노동력이 장기투자에 대한 확신을 갖게 하지만 정치적
리스크가 단기적으로 시장을 뒤흔들 수 있기 때문에 진입 시점에
보다 신중할 필요가 있다.

넥스트 차이나,
인도

차세대 넥스트 차이나로 가장 유력한 국가는 어쩌면 인도일지 모
른다. 10억 명이 넘는 인구, 즉 경쟁력 있는 인적자원과 내수 시장
만으로도 투자할 가치가 충분하다고 보는 전문가가 많다. 개인적
으로 미국에서 공부할 때 만난 인도 친구들을 회상해보면 그들이
가진 숫자에 대한 개념 때문에 놀랐던 기억이 난다. 곱셈을 19단까
지 기본적으로 외우고 있었고, 인도공과대학(IIT : Indian Institutes

of Technology)을 졸업한 한 친구는 60단까지 외울 수 있었다. "미국이 멀어서 국내에 있는 IIT를 갔는데, MBA에 올 줄 알았으면 그냥 MIT를 갈 걸 그랬어."라고 웃으면서 말했던 친구의 얼굴이 떠오른다. 중요한 건 그들의 유능한 두뇌도 두뇌지만 교육에 대한 열의가 매우 높다는 점이다. 경쟁이 몸에 배어 있는 것처럼 늘 누구보다 열심히, 치열하게 학업에 임했다.

인도가 언제부터 투자자들의 관심을 한 몸에 받기 시작했는지는 특정할 수 없지만, 확실한 건 모디 정권이 들어서면서부터 엇갈렸던 세간의 평가가 긍정적인 방향으로 바뀌었다는 점이다. 모디는 구자라트 지방 주총리(주지사)를 지내면서 화폐 개혁을 이끌어 골칫거리였던 세금 이슈를 정리했고, 검은 돈을 지상으로 끌어내는 통합간접세를 도입했다. 미래에셋대우 박희찬 애널리스트가 '인도탐방기-새로운 길'에서 언급했듯이 성공적인 산업화와 경제 개발을 인도 전역에 퍼트리겠다는 그의 목표는 큰 지지를 받았다. 2014년 선출 이후 잡음이 없었던 것은 아니지만 인도국민당이 2017년 상원 선거에서 승리를 거두면서 여전히 그 동력은 유효한 상황이다. 실제로 글로벌 금융위기 이후 감소하던 인도 외국인 투자자금은 모디 정권이 들어선 이후 급증했다.

특히 모디 정권의 정책 중 인프라 확충을 위한 해외 자본 유치와 부정부패 개혁 의지는 앞서 언급한 신흥국의 이상적인 정책 점검 포인트와 맞아 떨어진다. 미래에셋대우 리서치센터에 따르면 모디 정부는 세일즈 외교를 통해 지속적인 FDI의 증가를 이끌어냈고,

AIIB(Asian Infrastructure Investment Bank)에서도 100억 달러에 가까운 프로젝트들을 승인받아 인프라 확충을 실현 중이다. 또한 신흥국의 성장 기반을 가늠할 수 있는 제조업에 대한 정책도 치밀하게 수립해 실행에 옮겼는데, 대표적으로 '메이크 인 인디아(Make In India)'라는 슬로건을 예로 들 수 있다. 해외 기업을 유치하기 위해 인도 내 공장 설립을 추진하는 기업에 인센티브를 제공하고, 기존에는 주별로 차이가 있었던 세금을 통합해 물류비용의 비효율성을 바로잡아 성장의 토대를 조성했다.

다만 토지 개혁을 통해 도로 등 교통 인프라를 확충하고, 도시화 비율을 높이고자 했던 계획은 순탄치 않은 눈치다. 1970년대 우리나라의 새마을운동과 같은 도시화 작업을 진행하고 있으나 민간 토지 수용이 만만치 않고 비효율적 행정 시스템의 개혁도 어려워 목표 달성까지 다소 시간이 소요될 것으로 보인다. 하지만 튼튼한 제조업을 기반으로 디지털화를 지향하는 '스마트 시티(Smart City)' 정책과 도시 정비를 위한 '클린 시티(Clean City)' 정책이 잘 추진되고 있는 점은 긍정적이다.

인도 주식투자에 있어 가장 큰 우려는 환율이다. 2018년 들어 루피화의 가치가 심각하게 하락했다. 2018년 3분기 말 기준으로 루피화의 가치는 1년 전 2017년 3분기 말 대비 무려 10%가 넘게 하락했다. 블룸버그에서 발표한 '2019년 상반기 달러화 대비 아시아 통화가치 하락률 예상치' 자료를 보면 심각성을 한눈에 알 수 있다. 환율의 움직임을 파악하는 것은 매우 어려운 일이다. 경상수

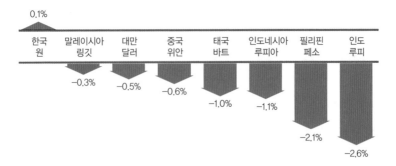

▶ 2019년 상반기 달러화 대비 아시아 통화 가치 하락률 예상치

0.1%

| 한국 원 | 말레이시아 링깃 | 대만 달러 | 중국 위안 | 태국 바트 | 인도네시아 루피아 | 필리핀 페소 | 인도 루피 |

−0.3% −0.5% −0.6% −1.0% −1.1% −2.1% −2.6%

자료: 블룸버그

지와 물가, 외환보유고 등 온갖 변수가 아우러져 환율이 움직이기 때문에 쉬이 결과를 예측할 수 없다. 원인을 찾기도 어렵고 비정상적인 환율 움직임에 대한 방어도 힘들다. 더군다나 금융위기 이후 유동성의 시대가 도래하면서 환율도 외국 자금의 수급에 큰 영향을 받게 되었고, 더더욱 중앙은행의 적시 대응이 중요해졌다. 조금이라도 늦으면 실물 경기에 직접적인 영향을 미치기 때문이다.

이러한 관점에서 인도네시아와 인도는 다소 다른 방향으로 나아가고 있다. 인도네시아는 2018년 11월 시장 상황에 맞춰 금리 인상으로 대응한 반면, 인도는 금리 인상을 정치적인 이슈로 받아들여 '중앙은행법 7조[9]'라는 무리수를 두게 된다. 정부가 독립 이후

---

9 인도가 영국 식민지일 때 제정된 법이다. 공익을 위해 필요하다고 생각되면 정부가 중앙은행에 지시를 내릴 수 있다는 내용이다.

인도 지도. 넥스트 차이나로 가장 유력한 국가는 어쩌면 인도일지 모른다.

한 번도 쓰지 않은 사문화된 법까지 끌어들여 금리 인상 결정에 개입한 것이다. 중앙은행의 급격한 물가 상승 제재와 악성 금융 부채를 관리하겠다는 의지의 무게감을 정치 논리와 비교한 셈이다. 2번의 금리 인상을 감안하더라도 투자자 입장에서는 쉽게 받아들이기 어려운 결정이다. 2010년 아르헨티나 정부가 중앙은행의 독립성을 훼손하다 위기를 초래했듯이, 인도의 행보 역시 조심스럽게 지켜볼 필요가 있다.

따라서 인도 또한 인도네시아와 마찬가지로 정치 이벤트를 감안해야 할 것으로 보인다. 아직 인도 시장 자체를 온전히 신뢰하기 어렵기 때문에 정부 정책과 분위기를 견지해야만 한다. 각종 선거등 정치 이벤트에 귀를 기울이고 인프라 확대와 제도 혁신, 부정부

패 척결 등의 목표가 잘 이뤄지고 있는지 모니터링해야 한다. 통화 정책과 관련된 리스크가 완화되면 기대감도 더 커질 것이다.

주가지수에 대한 밸류에이션의 경우에도 다른 나라와 비교해보면 결코 싸다는 생각이 들지 않는다. 과거 데이터와 비교해봐도 많이 오른 느낌을 지울 수 없다. 이에 대해 이미 적정 수준을 초과했다는 의견도 있는데, 결국 인도 투자의 포인트는 기대감을 어느 정도 선까지 용인하느냐에 달려 있다.

기대감은 결국 정책에서 나온다. 환율을 보면서 대응할 수도 없고, 이미 일이 다 벌어지고 난 뒤에 나오는 분기 실적을 보면서 대응할 수도 없다. 인도 주식투자를 염두에 두고 있다면 각종 뉴스에 귀를 기울이며 모디노믹스의 첫 단추가 제대로 끼워지고 있는지 확인하고, 지속적으로 FDI 추이를 체크할 필요가 있다. 인내심이 필요한 장기투자가 될 것이며, 중간중간 몰아치는 비바람을 잘 이겨낸다면 큰 수익을 얻게 될 것이다.

투자자가 저지르는 가장 큰 실수는
단기간에 큰돈을 벌려고 하는
충동을 느끼는 것이다.

• 제시 리버모어(Jesse Livermore) •

3장

해외 주식 포트폴리오 구성 및 스타일 전략

포트폴리오 만들기 ①
핵심자산과 알파자산

현명한 투자자라면 미국을 기저로 한 핵심자산과 변동성과 수익률이 큰 알파
자산을 적절히 포트폴리오에 포함시켜야 한다.

현명한 투자자라면 시장에 맞서지 말아야 된다. 아시아 동쪽 끝에
붙어 있는 1,500조 원 수준의 코스피가 아니라 글로벌 시장을 상대
해야 하기 때문이다. 글로벌 시장은 앞서 언급한 대로 미국이 가장
기본이다. 미국은 기축통화의 발행권을 가지고 있으며, 전 세계 금
리를 결정할 수 있고, 막대한 구매력으로 경제 사이클을 움직일 수
있다. 또한 혁신적인 기술력을 바탕으로 앞으로 다가올 제4차 산업
혁명에서도 충분히 세계 경제를 견인할 것으로 보인다. 따라서 필
자는 채권, 주식 등 자산의 종류를 떠나 매우 예외적인 경우를 제외
하고는 미국에 필수적으로 투자해야 한다고 생각한다. 그것이 합리

적인 투자의 순서이며, 필자가 지칭하는 '핵심자산(Core Asset)'을 미국으로 한정하는 이유다.

장기 운용을 위한 핵심자산

핵심자산은 장기 운용을 염두에 둔 포트폴리오의 핵심이 되는 자산으로, 안정적인 수익을 꾸준히 낼 수 있는 자산을 일컫는다. 포트폴리오를 구축할 때 가장 오랫동안 고민하고 연구하는 자산이자, 시장 변동성이 커지더라도 마지막까지 포트폴리오를 지탱해주는 대들보의 역할을 하는 자산이다. 앞서 미국에 대해 장황하게 설명하며 여러 가지 이유를 들어 분석한 이유가 여기에 있다. 적어도 지금 세대가 은퇴할 때까지는 미국 주식과 채권이 핵심자산의 역할을 할 것이기 때문이다.

흔히 계란을 한 바구니에 담으면 리스크가 커진다고 말한다. 나눠 담아 리스크를 분산해야 한다는 건 우리 막내딸도 아는 상식이다. 여러 바구니로 계란을 나누면 리스크가 줄어들 뿐 아니라 수익도 좋아진다. 이처럼 자산을 장기적으로 배분해 투자하는 방식의 효과는 '포트폴리오의 성과를 결정하는 요소(Determinants of Portfolio Performance)'라는 논문에서도 규명된 바 있다.

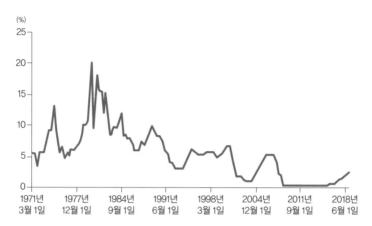

▶ 미국 기준금리 추이

자료: 연방준비제도

　　미국 대형 연기금의 투자 수익률 성과가 어디에 투자했는지보다 얼마나 잘 나눠 담는가에 따라 좌우된다는 주장이 현재는 상식처럼 여겨지고 있다. 하지만 최근 10년간 글로벌 시장의 동조화가 심화되면서 과연 계란을 나눠 담는 게 얼마나 큰 의미가 있나 싶기도 하다. 유례없는 유동성[1]이 시장에 흘러들어와 돈이 돈을 움직이는 시절을 보내고 있기 때문이다. 그러나 유동성의 시대는 막을 내리고 있다. 2015년 겨울, 미국은 금리를 올리기 시작했고 2021년까지 그러한 기조를 유지하겠다고 밝혔다. 글로벌 금융위기 이전

---

1 미국의 3차례 양적완화와 일본 및 유럽의 유동성 공급을 필자 나름대로 계산해보면 우리나라 돈으로 4경 원가량 되는 것 같다.

에 5%가 넘었던 미국의 기준금리는 2009년 3월 바닥(0~0.25%)을 찍고 상승 중이다. 이제 시장에 퍼진 유동성은 투자자가 체감할 수 있도록 축소될 것이다. 혹시 유동성 축소 규모가 예상보다 적더라도 분명 분위기는 바뀔 것이다. 이를 두고 '정상화'라는 단어를 사용하기도 한다.

수경 원에 이르는 자금이 시장에서 빠져나가고 정상화되는 과정에서 국가 간, 자산 시장 간 차별화가 나타나고 있다. 당연한 일이다. 넘치는 자금이 시장을 수년간 밀어올렸으니 자금이 빠져나가면서 가치 있는 자산, 즉 핑크빛 미래를 가지고 있는 자산으로 자금이 다시 이동할 수밖에 없다. 돈만 있으면 누구나 돈을 버는 시기를 지나 이제 '알아야' 돈을 버는 타이밍이 다가오고 있다.

↗ 단기 수익을 위한 알파자산

앞서 성공적인 해외 투자를 위해서는 미국을 핵심자산으로 삼고 우선시해야 한다고 했다. 또한 미국을 장기투자 대상으로 삼아야 한다고도 했다. 그렇다면 이쯤에서 드는 의문은 '자산 모두를 미국에만 투자해도 괜찮은가?'일 것이다. 예상은 했겠지만 답은 'NO'다. 미국이 상대적으로 유망하다고 하지만 미국 역시 어떤 리스크가 생길지 모르는 일이기 때문이다. 유례없는 유동성의 시대가 저물 뒤 정상화되는 과정이 생각보다 험난하다고 느끼는 투자자들도 점차 늘고 있다. 그렇기 때문에 바구니 수를 늘려 자산을 적절히 배분하는 과정이 필연적으로 수반되어야 한다.

핵심자산이 가진 한계를 보완하기 위해 필요한 것이 바로 '알파자산(Alpha Asset)'이다. 시장에 대한 투자심리가 양호하다는 전제 하에 장기간 안정적인 수익을 줄 수 있는 핵심자산과, 상대적으로 리스크는 있더라도 단기간 수익을 줄 수 있는 알파자산의 밸런스를 추구할 필요가 있다. 바로 이 개념이 자산관리를 공부해본 사람이면 한 번쯤은 접해봤을 '핵심-위성 전략'이다. 이 책에서는 편의상 위성자산을 알파자산으로 지칭하겠다.

그렇다면 과연 알파자산이란 무엇일까? 2014년 초부터 2015년

▶ 상승장에서의 미국 주식 vs. 중국 주식

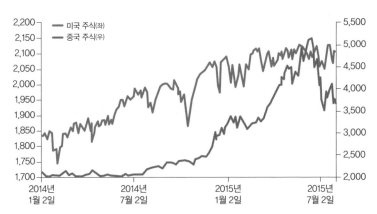

자료: 블룸버그

2분기 말까지의 상승장 시기에 미국 주식(핵심자산)과 중국 주식(알파자산)을 비교해보면, 10% 넘는 상승세를 보인 미국 주식보다 중국 주식이 더 큰 폭으로 상승한 것을 알 수 있다. 중국은 2,000pt에서 5,000pt까지 무려 100%가 넘는 수익률을 보여주었다. 이처럼 알파자산은 핵심자산으로는 채울 수 없는 투자 성과를 기대할 수 있는 자산을 일컫는다. 또한 핵심자산에서 나타나는 리스크를 완화시키는 역할도 할 수 있다. 핵심자산이 안정적인 장기투자 자산이라면 알파자산은 그보다 변동성이 있고 투자 기간이 짧은 자산이다. 변동성이 크다는 뜻은 가격의 일일 등락폭의 평균이 핵심자산보다 클 수 있다는 의미이며, 예상 가격 상승폭 또한 높다는 뜻이다. 즉 핵심자산과 달리 고변동성, 고수익 자산인 셈이다.

핵심자산과 알파자산의
균형이 중요하다

앞서 언급한 대치동 김 부장이 바쁜 이유도 초과수익만을 찾는 고객들을 위해 수많은 알파자산을 연구하기 때문이다. 하지만 이 또한 투자심리가 양호한 상승장 때의 이야기다. 만약 시장 분위기가 좋지 않고 하락세라면 변동성과 기대수익률이 낮은 알파자산을 선정하게 될 것이다. 또는 변동성이 낮고 핵심자산과의 가격 방향성이 다른 알파자산이 선정될 수도 있다.

핵심자산은 본래 변동성이 낮고 장기간 투자해야 하기 때문에 알파자산이 없다면 기대수익률이 높지 않을 것이다. 그리고 만족할 만한 수익률을 내기 위해서는 투자자 본인이 감내할 수 있는 수준의 리스크 안에서 알파자산을 선택해야 한다. 투자와 저축은 다르다. PB가 은행의 정기예금 수익률에 길들여진 투자자들의 눈치를 보느라 알파자산을 권유하지 못하거나, 운용역이 알파자산을 적절히 편입하고 교체하는 능력이 뛰어나지 못하면 도태되기 십상이다.

알파자산은 핵심자산 대비 변동성이 커서 초과수익을 낼 수 있는 가능성이 높아야 한다. 그런데 핵심자산과 동일하게 움직이면 곤란하다. 핵심자산과 흐름이 비슷하고 다른 방향으로 움직이지 못하면 상호보완 관계가 유지되기 어렵다. 즉 핵심자산이 주춤할 때는 초과수익을 내주고, 핵심자산의 변동성이 커져 수익률이 단기적으로 상승할 때는 오히려 안정적인 모습을 보여줘야 한다. 포트폴리오에서는 이를 상관관계(Correlation)라고 표현하며, 상관관계가 낮은 자산들을 선별해 기대수익률을 높이는 게 포트폴리오 구축 기술이다.

예를 들어 미국 주식이 핵심자산이므로 미국과 상관관계가 낮은 시장을 찾아야 한다고 했을 때, 중국이 상관관계가 가장 낮기 때문에 알파자산으로 덥석 선택할 수도 있다. 하지만 상관관계가 아무리 낮다고 해도 변동성이 큰 알파자산은 종종 부메랑이 되어 돌아

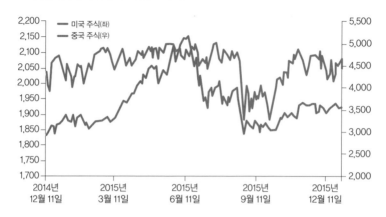

▶ 하락장에서의 미국 주식 vs. 중국 주식

자료: 블룸버그

오기도 한다. 변동성이 너무 크면 시장 환경에 따라 핵심자산의 가치를 훼손하는 일까지 발생한다. 핵심자산 이상의 상승 매력도가 있다는 건 그만큼 리스크가 크다는 뜻이므로 예상 밖의 큰 충격을 줄 수도 있다. 2015년 하락장에서의 미국 주식과 중국 주식의 추이를 살펴보면 어떤 식으로 부메랑이 되어 돌아오는지 알 수 있다. 초과수익을 내주어야 할 알파자산이 수익률 제고에 방해가 되면 곤란하다.

따라서 알파자산을 하나만 선택하는 것은 위험하다. 해당 알파자산이 예상 밖의 움직임을 보일 경우 초과수익을 만들어내지 못하고 핵심자산의 수익마저 훼손할 수 있기 때문이다. 이는 또 다른 리스크를 초래한다. 그러므로 단독 알파자산으로 포트폴리오를 구성하기보다 복수의 알파자산을 편입시키는 게 자산배분 효과를 높여줄 것이다. 즉 핵심자산을 바탕으로 알파자산이 2개 이상일 때보다 안전한 중장기투자가 가능하다. 미국을 기저로 한 핵심자산과 변동성과 수익률이 큰 알파자산을 적절히 포트폴리오에 포함시켜보자.

포트폴리오 만들기 ②
복수의 알파자산이 합리적이다

알파자산을 확장해 핵심자산이 가진 한계를 보완할 수 있다. 시장에 대한 분석이 선행된 후에 포트폴리오를 구축해야 한다.

알파자산은 핵심자산보다 변동성이 커 초과수익을 기대할 수 있어야 하며, 상관관계가 낮아 리스크를 분산하는 효과도 있어야 한다. 앞서 이와 같은 조건에 맞는 자산으로 중국을 이야기했었다. 중국은 한때 투자자들에게 많은 안타까움을 준 자산이기도 하지만 적절하게 투자 시기를 조율하면 충분히 알파자산의 역할을 할 수도 있는 자산이다. 하지만 중국을 유일한 알파자산으로 선정하는 것은 대세 상승기에만 유효한 전략이다. 만일 시장이 하락세에 접어들게 되면 매우 큰 시련으로 다가올 것이다. 그렇다면 하락장 때 되돌아올 부메랑을 미연에 방지할 수 있는 방법은 없을까?

알파자산을
확장하라

변동성이 큰 자산은 양날의 검과 같다. 그러므로 변동성이 큰 중국을 보완할 수 있으면서도 핵심자산과 함께 균형감 있게 포트폴리오를 채울 수 있는 알파자산을 찾아야 한다. 또 다른 알파자산은 기존의 알파자산과는 다른 방향으로 수익률에 기여해야 한다. 여기서 다른 방법이라는 건 핵심자산인 미국 주식보다 당장 초과수익에 크게 기여하지 못하더라도, 첫 번째 알파자산인 중국 주식이 오르지 못할 때나 하락할 때 포트폴리오의 수익률에 도움을 줄 수 있어야 한다는 뜻이다.

이를 위해서는 핵심자산인 미국 주식과 첫 번째 알파자산인 중국 주식보다 하락할 가능성이 낮아야 한다. 하락 가능성이 낮다는 의미는 아직 상승이 시작되지 않아 언젠가는 상승할 가능성이 있는 자산을 골라야 한다는 뜻이다. 이는 포트폴리오의 기대수익률을 높여주는 효과가 있다. 알파자산의 조건은 다음과 같다.

첫 번째 알파자산: 변동성은 높지만 핵심자산과 상관관계가 낮은 자산이 알맞다.

두 번째 알파자산: 핵심자산과 변동성이 유사하거나 낮고, 밸류에이션 매력이 상대적으로 높은 자산이어야 한다.

▶ 미국, 유럽, 일본, 중국 변동성과 상관관계(2018년 4분기 기준)

구분	미국(S&P500)	유럽(STOXX50)	일본(니케이)	중국(상해종합)
변동성(3년)	12.59%	16.10%	20.22%	18.95%
S&P500과의 상관관계(5년)	1.00	0.48	0.18	0.12

자료: 블룸버그

    결국 두 번째 알파자산은 핵심자산보다 저평가되어 있어야 한다. 또한 변동성도 최소한 유사한 수준이어야 한다. 미국을 핵심자산으로 규정한 이상 변동성을 고려할 때 두 번째 알파자산의 조건에 부합하는 자산은 선진국 주식뿐이다. 선진국 시장은 미국을 제외하면 유럽, 영국, 일본, 홍콩, 뉴질랜드 등을 꼽을 수 있는데, 거래소 규모나 시가총액을 고려하면 일본과 유럽밖에 없다. 하지만 일본 니케이지수는 유럽보다 변동성이 다소 높아 두 번째 알파자산으로 부적합하다.

    중국 상해종합지수의 최근 3년 변동성은 S&P500보다 높았다. 하지만 S&P500과의 상관관계는 상대적으로 낮았다. 반대로 유럽 STOXX50은 중국 상해종합지수보다 상대적으로 최근 3년 변동성이 낮고 상관관계가 높아 S&P500과 방향성이 유사하다. 중국 주식은 미국 주식과 같은 방향으로 움직이지 않고 변동성이 커 예측하기가 어렵지만, 미국 주식과의 상관관계가 낮아 함께 등락할 가능성은 높지 않다. 다만 고변동성의 알파자산은 시장 상황에 따라 포트폴리오 수익률을 높일 수도 훼손할 수도 있다.

알파자산을 확장함으로써 리스크 관리 측면에서 포트폴리오에 안정감을 더해줄 수 있다.

반대로 유럽 주식은 미국 주식과 상관관계가 높아 함께 움직일 가능성은 있지만, 중국 주식과 비교하면 상대적으로 변동성이 낮다. 즉 유럽 주식이 포트폴리오에 들어오면 첫 번째 알파자산(중국 주식)으로 인해 높아진 변동성이 낮아지는 효과를 볼 수 있다. 또한 상대적으로 저평가되어 있기 때문에 수익률을 직접적으로 상승시키지 않더라도 리스크 관리 측면에서 포트폴리오에 안정감을 더해줄 수 있다. 그리고 최근 시장 상황을 보더라도 대통령의 트위터에 따라 등락을 거듭하는 미국 주식만 보유하는 것보다 유럽을 함께 보유하는 것이 합리적으로 보인다. 유럽의 경기 사이클은 미국보다 늦지만 안정적으로 자산을 운용할 수준은 된다고 본다.

세 번째 알파자산은 신흥국이 좋다

이렇게 포트폴리오를 핵심자산(미국), 첫 번째 알파자산(중국), 두 번째 알파자산(유럽)으로 구성하더라도 시장에 대응하지 못하는 경우가 종종 있다. 우선 시장이 급등락을 반복하면 단기적으로 대응이 어려워진다. 유동성이 많아져 생긴 동조화 현상으로 포트폴리오와 자산배분 효과가 반감되었기 때문이다. 선택한 자산이 잘못되었거나, 시장의 흐름과 자산의 움직임이 맞지 않는 상황이 발생할 수도 있다. 후자의 상황이라면 자산과 시장에 대한 확신을 갖고 기다리거나(버티거나) 현금 보유량을 조절하며 운용해야 하는데, 만일 과정과 원칙에 어긋나지 않은 투자라면 기다리기를 강권한다. 현금 보유를 늘렸다가 줄이는 유동성 전략은 논란이 다소 있다. 이는 소위 프로들의 영역이다. 떨어질 때 더 떨어질 줄 알고 자산을 팔아 현금 보유량을 늘렸다가 반등하는 경우가 부지기수이기 때문이다.

문제는 선택한 자산이 잘못되었을 때다. 시장의 움직임과 맞지 않는 경우, 다시 말해 가치가 변동하는 타이밍이 생각과 달리 진행될 때는 고민이 커질 수밖에 없다. 자산의 펀더멘털에 이상이 없고 가치를 훼손할 만한 이벤트도 나타나지 않았는데 핵심자산보다 상승폭과 상승 속도가 현저히 떨어질 때가 있다. 이때는 추가로 알파자산을 지정해 대처하는 방법이 있는데, 제3의 알파자산, 제4의 알파자산도 가능하다. 세 번째, 네 번째 알파자산은 첫 번째, 두 번째 알파자산보다 장기간 투자하는 것을 추천한다. 또한 비중도 적어야 한다. 예를 들어 첫 번째, 두 번째 알파자산이 각각 20% 수준(총 40%)이라면, 세 번째, 네 번째 알파자산은 각각 10% 미만(총 20% 미만)으로 보유하는 것이 합리적이다. 적은 비중으로 장기투자를 하되 시장 상황이 좋아져 떠오르게 되면 상승폭이 큰 자산을 선정하는 것이다. 즉 이름은 알파자산이지만 앞서 첫 번째, 두 번째 알파자산을 선정했던 과정과는 별도의 방법으로 투자처를 찾아야 한다. 2장에서 언급했던 신흥국 선정 노하우를 참고하기 바란다.

해외 주식 포트폴리오 구성 노하우를 정리해보자. 우선 해외 주식 포트폴리오 구축을 위해서는 핵심자산을 가장 먼저 선정해야 하는데, 현 상황에서 가장 유망한 핵심자산은 미국 주식이다. 이후 알파자산을 선정할 때는 최소 2개 이상의 자산을 선택해 핵심자산의 변동성을 조절하고 기대수익률을 높여야 한다.

첫 번째 알파자산은 핵심자산보다 변동성이 높지만 상관관계는 낮아야 하며, 두 번째 알파자산은 핵심자산보다 변동성이 낮으나 저평가되어 있어야 한다. 또한 알파자산은 제한적으로 더 추가할 수 있다. 세 번째, 네 번째 알파자산은 첫 번째, 두 번째 알파자산보다 적은 비중이 좋고, 핵심자산처럼 장기간 투자해야 한다. 신흥국에 대한 합리적인 고민이 필요하다.

여기서 반드시 명심해야 할 것은 알파자산을 선정할 때 시장에 대한 분석을 별도로 해야 한다는 것이다. 변동성을 포함한 데이터는 과거부터 현재까지의 상황을 나타낼 뿐이다. 펀더멘털이 훼손되어 환율이 평가절하될 게 뻔히 보이는데 과거의 데이터를 맹신하거나, 정치적인 위기가 있음에도 불구하고 몇 가지 조건이 맞다고 해서 포트폴리오에 포함시키는 건 지양해야 한다. 반드시 시장에 대한 분석이 선행된 후에 포트폴리오를 구축해야 한다는 것을 잊지 말자.

스타일 전략 ①
6가지 전략 숙지하기

동조화 현상으로 지역별 자산배분의 효과가 한계에 직면하면서 새로운 전략
이 필요해졌고, 이때 유용하게 쓰이는 방법 중 하나가 스타일 전략이다.

2008년 글로벌 금융위기 이후 유동성이 높아지면서 글로벌 주가
지수가 동조화하는 현상이 나타나고 있다. 주식 시장이 하락기일
때 비슷한 방향성을 보이기 시작한 것이다. 정도의 차이는 있었지
만 글로벌 주가지수가 비슷하게 움직이면서, 즉 동조화 현상이 심
화되면서 국가별 주식의 성과 차이가 줄어들게 되었다. 이는 지역
별 자산배분의 효과를 반감시키는 결과로 이어졌다.

2005~2012년 동안 미국(S&P500), 독일(DAX30), 프랑스(CAC40),
일본(니케이225), 한국(코스피)의 주가지수를 살펴보면 동조화 기조
를 뚜렷이 알 수 있다. 하락기 동안 글로벌 주가지수가 비슷한 방

▶ 주요국 증시 하락기 동조화 현상

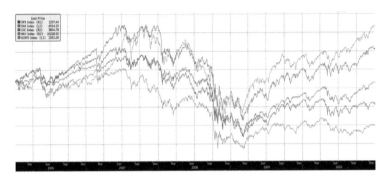

자료: 블룸버그

향성을 보인 것이다. 2008년에 동시다발적으로 하락했고 이후 함께 상승했다. 지역별 자산배분의 효과가 한계에 직면하면서 새로운 전략이 필요해졌고, 이때 부각된 방법이 바로 '운용 전략별 자산배분'이다. 같은 자산군에 투자하더라도 투자 전략을 다양화하면 동조화로 무색해진 지역 자산배분의 한계를 뛰어넘을 수 있다.

동조화 현상이 불러온
스타일 전략의 득세

운용 전략별 자산배분도 종류는 많지만 필자는 일명 '스타일 전략(Style Investing)', MSCI[2]에서 정한 팩터(Factors) 기반의 자산배분

스타일 전략은 같은 미국 주식에 투자하더라도 시장에 좀 더 적극적으로 대응할 수 있게 하는 방법이다.

방식을 선호한다. 이 책에서는 편의상 스타일 전략으로 지칭하겠다. 그러나 필자는 통상적으로 알려진 스타일 전략을 그대로 차용해 사용하지 않고 나름대로 수정과 보완을 거쳐 활용해왔다. 이 책에서도 필자가 활용하는 변형된 방법을 기술하고자 한다. 스타일 전략은 리처드 번스타인, 하워드 막스와 같은 대가들의 저서에도 심도 깊게 언급되어 있지만, 투자자들이 실제 투자에 활용하기가 쉽지 않다. 가장 중요한 점은 스타일 전략별 차이를 정확하게 인지

---

2 MSCI(Morgan Stanley Capital International index)는 모건스탠리에서 작성해 발표하는 지수로, 미국계 펀드의 95%가 이 지수를 기준으로 삼을 만큼 운용에 있어 주요 기준이 되는 지수다.

하고 시장의 상황을 고려해 투자 시점을 결정하는 것인데, 초보자는 그 기준을 잡기가 어렵다.

필자는 알파자산으로 투자할 국가 또는 자산이 보이지 않을 때, 수익을 추구하기보다 방어적인 포지션으로 시장에 대응해야겠다는 판단이 들 때 스타일 전략을 유용하게 써왔다. 현실적이고 다양한 이유로 중국과 유럽 등의 알파자산 후보군이 불안하다고 느껴질 때, 미국 S&P500에만 무작정 돈을 몰아놓는 게 부담스러울 때 스타일 전략을 효과적으로 활용할 수 있다. 스타일 전략은 같은 미국 주식에 투자하더라도 시장에 좀 더 안정적이고 적극적으로 대응할 수 있게 하는 방법이다.

∕↗ 6가지 스타일 전략

필자는 실제 운용에서 활용했던 방법을 바탕으로 스타일 전략의 노하우를 제시하고자 한다. 일반인에게는 다소 생소한 접근일 수 있으나 투자에 관심이 많은 투자자들 사이에선 종종 화두가 된 방법이라 익숙하게 느껴질 것이다. 실질적으로 '시장 사이클'에 적용 가능한 스타일 전략은 매니저들 사이에는 잘 알려져 있지만 일반투자자들에게는 보편화된 접근 방법이 아니다. 꼼꼼히 읽어보고

▶ 6가지 스타일 전략

구분	주요 내용	비고
가치주 전략	적정 가치 대비 저렴한 주식에 투자한다.	가치 투자
성장주 전략	성장성과 미래가치가 내재된 주식, 높은 PER, PBR을 가진 주식에 투자한다.	성장주 투자
퀄리티 전략	ROE가 높고 현금 흐름 등이 건전한 좋은 주식에 투자한다.	가치 투자
모멘텀 전략	상승 흐름이 지속될 수 있는 여건을 가진 주식에 투자한다.	모멘텀 투자
로우볼 전략	가격의 변동성이 낮은 주식에 투자한다.	저변동성 투자
고배당 전략	배당 성향이 높거나, 배당이 높은 주식에 투자한다.	배당 투자

참고해보길 바란다. 그럼 이제부터 6가지 스타일 전략과 각 전략의 특성을 살펴보도록 하겠다.

1. 가치주 전략

스타일 전략에는 우선 가치주(Value) 전략이 있다. 가치주 전략은 정통적인 주식투자의 방법론 중 하나로, 기업이 가진 향후 성장성의 가치와 보유한 자산의 가치 등을 종합적으로 평가하는 방법이다. 주식의 적정 주식 가치를 산출한 다음 실제 주식 가격과 비교해 싸다고 판단되면 매수하고, 비싸다고 판단되면 매도하는 전략이다. 정통적인 주식투자 방법이라고 표현한 이유는 많은 초보 투자자들이 주식투자에 입문할 때 이 방법을 가장 선호하기 때문이다. 또한 국내 수많은 운용사와 펀드매니저가 스스로를 가치주 전략의 대표주자라 지칭하는데, 필자의 경험상 이들 대부분은 그저 오를 만한 주식을 사놓고 마냥 기다리기만 하는 경우가 태반이다.

그나마 필자가 만나본 운용사들 중에는 최준철 대표가 이끄는 VIP 투자자문(현재는 운용사로 전환)이 가치주 전략을 가장 잘 활용해 인상 깊었다.

2. 성장주 전략

두 번째로는 성장주(Growth) 전략이 있다. 성장주는 말 그대로 주식의 성장성을 중점적으로 고려한다. 주식이 포함된 산업군, 기업이 보유한 핵심 기술의 미래가치 등을 판단해 미래에 얼마나 더 가격이 오를지 예측해 접근하는 전략이다. 따라서 PER(주가수익비율)[3]가 높은 주식이 많다.

　성장주 전략은 현재 주식이 PER, PBR 등의 밸류에이션 지표의 매력도가 다소 낮더라도 미래 성장성이 높다면 매수하는 전략이다. 가격 변동성이 높기 때문에 포트폴리오에서 이 전략을 활용할 때는 빠져나오는 타이밍과 방법이 정말 중요하다. 개인적으로는 국내 주식형펀드의 대다수가 성장주 전략에 노출되어 있다고 생각한다. 본래 스타일 투자의 모태인 'MSCI 팩터 전략'에서는 성장주 전략 대신 소형주(Small Cap) 전략을 내세웠다. 하지만 필자는 주식의 시가총액을 기준으로 하는 일련의 전략(사이즈 전략)은 별도로 고민해볼 문제라 판단해 다음 장에서 논하도록 하겠다.

3　Price Earning Ratio의 약자. 회사의 주식 가격을 주당순이익으로 나눈 값을 말한다. 어떤 회사의 주식 가치가 고평가되었는지 가늠할 수 있는 유용한 잣대다.

3. 퀄리티 전략

세 번째로는 퀄리티(Quality) 전략이다. 국내에서는 앞선 두 전략보다 잘 알려져 있지 않다. 가치주 전략과 성장주 전략의 중간이라 인식해도 되지만 보다 자세히 말하면 현금 흐름이 좋고, ROE(자기자본이익률)가 높은 기업에 투자하는 전략이다. 리처드 번스타인이 자신의 저서에서 언급했듯이 퀄리티 전략은 부채가 적고 재무 상태가 우수한 '좋은 기업'에 투자하는 전략이다. 이를 가장 중요하게 여기는 신용평가사의 우수한 평가를 받은 기업에 투자하는 것으로 생각해도 무방하다.

참고로 필자는 해당 기업이 건강한 기업인지를 판단할 때 ROE를 가장 중요하게 여긴다. ROE란 부채를 제외하고 순수 투자자금을 기준으로 기업이 어느 정도의 이익을 내는지 측정한 수치다. 즉 타인의 자본을 제외한 주주들의 순수 투자자금에 대한 이익률만 산출한 지표다. ROE가 의미 있는 것은 부채를 제외한 순수 자본금만을 기준으로 삼기 때문인데, 순수 자본금은 기업의 청산가치로 볼 수 있다. 당기순이익의 활용에 대한 논란[4]은 있지만 기업의 청산가치에서 발생하는 이익률을 따져보는 것은 기업의 지속가능성을 판단할 수 있는 기준이 된다. 따라서 퀄리티 전략은 단순히 좋은 기업을 찾는 전략이라고 생각해도 되지만, 최소한 '밥값 하는'

---

4 당기순이익 또한 부채의 영향(레버리지)을 받기 때문에 ROE가 부채를 제외한 순수 자본금에서 기인한 이익률이라는 주장에 문제가 있다고 보는 의견이 있다.

건강한 기업을 찾아 투자하는 방법이라고 볼 수 있다. 뒤에서 자세히 다루겠지만 경기가 꼭지에 이를 때, 그리고 경기 저점에 다다랐을 때 특히 유효한 전략이다.

4. 모멘텀 전략

네 번째로는 모멘텀(Momentum) 전략이다. 모멘텀이라 하면 보통 어떤 특정 이벤트를 떠올리게 되는데 그보다는 시장의 전체적인 흐름이라고 보는 것이 맞다. "주가가 상승할 수 있는 모멘텀이 있는가?"에 대한 질문은 "이익이 증가 추세에 있는가?", "펀더멘털이 개선되면서 주가가 상승 흐름을 이어갈 수 있는가?", "호재가 지속되고 있는가?" 등의 질문으로 바꿀 수 있다.

따라서 현재 또는 미래에 대한 기대보다는 지금의 흐름이 지속될 수 있는지를 보고 그 흐름에 투자하는 전략이라고 보면 된다. 많은 이들이 모멘텀 전략을 수급을 기준으로 두고 판단하는 경향이 있는데 관계가 없진 않지만 주의해야 할 사안이다. 모멘텀 전략은 특히 운용자가 정말 부지런히 움직여야 가능한 전략이다. 기업의 상승 모멘텀을 찾는 건 실사, 기사 분석 등과 같은 노동집약적 업무와 직결되기 때문이다.

5. 로우볼 전략

다섯 번째로 로우볼(Low Vol) 전략이다. 이름에서 드러나듯이 저변동성 전략이다. 전체적인 포트폴리오를 저변동성으로 구축한다는 의미도 광의적으로 포함하고 있지만, 이보다는 변동성이 낮은 주식에 투자해 수익률을 추구하고 하락 시 하락폭을 낮추는, 보다 직접적인 변동성 축소 전략을 일컫는다. 이는 진리처럼 받아들여지고 있는 '하이 리스크 하이 리턴(High Risk High Return)'과 배치되는 전략으로, 로버트 하우겐 박사에 의해 창시되어 이목을 끌게 되었다. 하우겐 박사가 최초로 로우볼 전략의 효용성에 대해 주창할 때는 다른 가설(효율적 시장 가설)이 학계에 지배적인 상황이었다. 그러나 그는 이에 굴하지 않고 임종 직전까지 로우볼 전략의 효과를 입증했고, 현재는 실제로 그 유효성이 입증되어 많은 관련 논문들이 발표되었다. 최근에는 관련 ETF와 액티브펀드들이 출시되어 유행을 만들고 있는 상황이다. 개인적으로는 2015년 모 연금 글로벌 주식 위탁운용에 참여했을 때 이 전략을 활용해 많은 수익을 거둔 바가 있어 유용하다 생각하고 있다.

6. 고배당 전략

마지막으로 고배당(High Dividend) 전략이다. 일드(Yield) 전략이라고도 한다. 우리에게는 친숙한 전략인데, 기본적으로 장기투자를 전제로 하고 가치주 전략과도 겹치는 부분이 많다. 그도 그럴 것이 배당을 잘 주는 회사가 지속가능성도 높기 때문이다. 지속가능성이 높은 가치 있는 사업을 하고 있다면 수익이 꾸준히 발생하기 때문에 가치주 전략의 대상이 될 수 있다. 또한 배당을 많이 준다는 건 현금이 풍부하다는 뜻이며, 이는 안정적인 재무구조를 가지고 있다는 의미다. 외국인 투자자들이 특히 좋아하는 전략이 아닐 수 없다. 또한 거시적인 관점에서 장기간 안정적으로 투자하길 원하는 국내 투자자들도 큰 관심을 보이는 전략이다.

스타일 전략 ②
경기순환주기 활용법

스타일 전략을 실제 운용에 적용하기 위해서는 투자 시점을 결정하는 판단력이 필요하다. 이때 경기순환주기를 활용할 수 있다.

스타일 전략을 실제 운용에 적용하기 위해서는 각 전략별 이해가 선행되어야 하고, 이후에 투자 시점을 결정하는 판단력이 필요하다. 앞서 전략별 정의에 대한 설명을 통해 전자를 설명했으니 이제 투자 시점에 관한 기준을 알아볼 차례다.

문득 '6가지 전략 중 어느 전략이 가장 좋을까?'라는 의문이 들 수도 있다. 하지만 시장과 무관하게 성과를 내는 전략이 있다면 그것만 내놓으면 될 일이지 6개나 존재할 필요가 있을까? 현명한 투자자라면 '어느 전략이 어떤 경우에 유효할까?'라고 달리 생각해야 한다. 전략마다 유효한 시장 상황이 상이하다.

경기순환주기로 투자 시점을 판단하자

이를 위해서는 우선 경기순환주기를 먼저 살펴볼 필요가 있다. 일반적으로 비즈니스 사이클(Business Cycle)이라고도 하는데, 하워드 막스는 『하워드 막스 투자와 마켓 사이클의 법칙』에서 이를 이코노믹 사이클(Economic Cycle)이라고도 했다. 이 외에도 경기 및 실물 시장 주기를 표현하는 명칭은 여러 가지가 있지만 이 책에서는 편의상 경기순환주기라 지칭하겠다. 기준에 따라서 6단계, 8단계 이론도 있으나 필자는 4단계만으로도 충분하다고 생각한다. 각 단계는 차례대로 '확장기', '후퇴기', '침체기', '회복기'로 나뉜다. 또한 '경기 저점', '상승장세', '경기 정점', '하락장세'로도 나뉜다. 여기서 상승장세는 '불 마켓(Bull Market)[5]', 하락장세는 '베어 마켓(Bear Market)[6]'이라고도 한다.

경기순환주기를 바탕으로 만든 시장 분석법의 효용성은 분명 논란이 있다. 4가지 단계 중 일부는 실제 나타나지 않는다는 의견도 있고, 5년 주기설이나 10년 주기설과 같이 기간의 적용을 두고 논란이 벌어진 적도 있다. 김영익 서강대학교 교수에 따르면 미국은

---

5 주가가 상승할 때 마치 황소(Bull)가 뿔로 들어 올리는 것과 같다고 해서 이름 지어졌다.
6 주가가 하락할 때 마치 싸울 때 아래로 내려찍는 자세를 취하는 곰(Bear)과 같다고 해서 이름 지어졌다.

▶ 경기순환주기의 개념

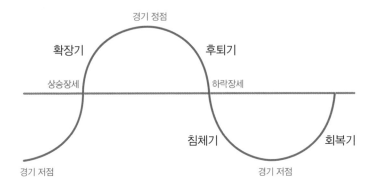

1990년 정보통신에 의한 호황 이후 최대의 확장기를 이어오고 있다고 하니 120개월도 넘는 기간 동안 시장의 꼭지를 향해 달려가고 있는 셈이다. 아무리 확장기 후반에 있다고 하더라도 후퇴기가 언제 올 것이고, 또 과연 120개월 동안 확장된 경기가 얼마나 후퇴하게 될 것인지에 대해서는 사실 막연하다. 경기순환주기의 개념에 실제 시장을 그대로 대입하기에는 무리가 따른다.

하지만 이는 하워드 막스도 고려한 부분이다. 경기 자체가 상승하면서 경기순환주기가 함께 상승할 수도 있고, 반대로 경기가 하락하면서 순환주기가 나타날 수도 있다. 또한 경기순환주기별로 기간이 달라질 수도 있다. 결국 분석의 주체이자 시장에 대응하는 투자자가 얼마나 시장을 멀리 볼 것인지, 얼마나 크게 볼 것인지, 거시지표를 우선시할 것인지, 기업 실적에 무게중심을 둘 것인지 등에 따라 판단이 달라지는 것이다. 선택의 문제이자 적용 방법의

▶ **경기순환주기의 변형**

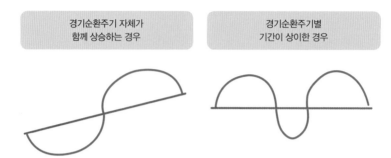

경기순환주기 자체가 함께 상승하는 경우	경기순환주기별 기간이 상이한 경우

문제이지 의미 없는 분석은 아니라고 본다.

시장에 대응하기 위해서는 나름의 분석으로 현 시점이 경기순환주기의 어느 단계이고, 어디쯤을 지나고 있는지 파악해야 한다. 이러한 분석이 투자 전략을 수립하는 데 분명 도움을 줄 것이다. 특히 경기순환주기에 선행해 형성되는, 즉 실제 투자 자산 시장이 움직이는 시장순환주기를 분석할 수 있다면 매우 의미가 크다. 투자자의 심리와 자산 가격의 움직임 등이 반영된 실제 시장순환주기는 향후 투자 자산의 가치가 어떻게 변할지 예측할 수 있는 지표가 된다.

경기순환주기에 선행해 형성되는 시장순환주기를 붉은 선으로 표시했다. 우선 경기 저점(바닥)부터 살펴보자. 후퇴기를 거쳐 바닥으로 가는 과정은 참으로 참담한 길이다. 기업이 무너지는 과정과 개인이 파산하는 이벤트들이 연이어 나타나면서 시장 분위기는 긴장감과 공포감으로 뒤덮인다. 경기순환주기에서는 불황

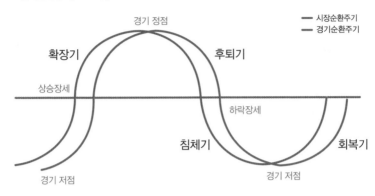

▶ 경기순환주기 vs. 시장순환주기

경기 정점

시장순환주기
경기순환주기

확장기　　　　　　　　　　　후퇴기

상승장세

하락장세

침체기　　　　　　　　　　　회복기

경기 저점　　　　　　　　　　　　경기 저점

(Recession)의 정의를 보통 GDP가 2분기 연속 마이너스 성장하는 것으로 기준을 두는 경우가 많다. 그래서 실제 투자 자산 시장, 즉 시장순환주기는 경제지표보다 훨씬 앞선다. 3개월에서 6개월 정도 빠르게 나타난다고 볼 수 있으며 이것이 단적으로 드러나는 곳이 부동산 시장과 주식 시장이다(요즘은 1~2개월 정도밖에 차이가 나지 않을 때도 있는 것 같다).

다시 말해 경제지표는 시장이 바닥을 찍을 때 아직 하강 중이며, 시장이 턴어라운드해 상승할 때가 되어서야 바닥을 찍는다. 부도가 발생하기 시작할 때도 경제지표상으로는 아직 플러스이거나 둔화되는 모습을 보이는 경우가 많다. 따라서 자금을 운용하는 분야에서 경제지표를 확인한 뒤에 대응하는 것은 제대로 '뒷북을 치는 일'이라고 볼 수 있다.

시기에 따라
대응법은 달라진다

시장순환주기의 바닥은 아직 경제지표상으로는 바닥을 향해 가는 과정이며, 이때 정부는 최악의 상황을 준비해 대책을 강구한다. 언론은 여러 가지 시나리오를 만들어 분위기를 조성하고 회사는 줄어가는 매출로 막힌 자금줄과 씨름하거나 부도가 난다. 투자심리는 어떨까? 공포감이 시장을 지배할 것이다. 자칫 잘못하면 정말 끝날 수도 있겠다는 절망감이 팽배해진다. 찰스 엘리스가 『투자 게임에서 내 돈을 지키려면 나쁜 펀드매니저와 거래하라』에서 시장 상황이 나쁠 때 '느긋한 방치'가 중요하다고 언급한 연유도 이러한 심리 때문이다. 하지만 필자는 시장 대응은 지속적으로 신속하게 이루어져야 한다고 본다. 그래야 그다음 투자 기회가 찾아올 때도 올바르게 대응할 수 있기 때문이다.

1. 경기 저점

그러면 경기 저점에 다다른 상황에서 투자를 해야 한다면 어떤 기업이 좋을까? 시장에 공포감이 찾아오면 정말 싼 주식에 투자하는 것이 맞다. 이때 유효한 것이 가치 투자다. 6가지 스타일 전략 중 가치주 전략과 퀄리티 전략이 빛을 발할 수 있다. 이론 가격 및 적정 가격 대비 폭락한 주식이 있다면 시장이 상승할 때 가장 먼저

함부르크의 한 조선소. 경기 저점에는 기간산업으로 이루어진 조선, 철강, 자율소비재 등의 시클리컬 업종에 주목해야 한다.

회복할 수 있다. 이런 현상을 평균회귀가 빠르다고 표현한다. 또한 영업이 튼튼하고 현금 흐름이 좋은 기업은 부도 위험도 낮다. 즉 유망한 기업이다. 불황에는 신흥국보다 자금력이 좋고 국제통화 보유량이 많은 선진국이 회복 가능성이 높으므로 선진국 투자가 유리하다. 그리고 시장이 망가지는 과정에서 폭락했더라도 살아남을 수밖에 없는 금융, 기간산업으로 이루어진 조선, 철강, 자율소비재 등의 시클리컬(경기민감주) 업종에 주목해야 한다.

IT기업 주식들도 눈여겨봐야 한다. 흔히 'IT기업 주식=성장주'라 생각하는 경우가 많은데 그건 오판이다. IT기업도 폭락장에서는 가치주로 변한다. 왜냐하면 상대적으로 저렴하기 때문이다. 만약 이러한 하락기에 퀄리티 전략을 선택했다면 어느 정도 리스크를 감수할 각오를 해야 한다. 아무리 재무가 좋은 기업이라도 경제 하락기에는 이유 없이 하락할 수 있기 때문이다.

2. 회복기

회복기는 시장이 최악의 상황을 지난 직후다. 경기 저점에서 정부는 급한 대로 미봉책들로 억지로 산소마스크를 씌운다. 금리를 내렸을 수도 있고 과도한 재정 정책으로 자금을 융통해 기업에 제공했을 수도 있다. 이 모든 대책이 장기간 플랜은 아니지만, 고육책으로 회복기에 접어들면 이제 장기간의 플랜을 세우고 구조조정을 실시해야 한다. 더불어 회생 방안을 수립하는 시점이 되면 그때가 바로 회복기의 시작이다.

지표는 바닥 신호를 가리키지만 주식 시장은 어떨까? 바닥을 확인했다는 말을 다시 곱씹어보면 이제는 내려갈 일보다 올라갈 일만 남았다는 뜻이 된다. 그래서 주식 시장은 한발 앞서 상승한다. 분위기, 즉 센티먼트는 '긍정'이 '부정'을 이기기 시작한다. 시장은 불 마켓에 진입할 준비를 한다. 이때는 특히 가치주가 부각된다. 침체기 때 가치주 전략을 통해 성공한 이들의 사례가 주변에 많이 퍼지기 때문이다. 동시에 성장주인 IT기업 주식과 기업의 회생과 함께 움직이는 산업재 종목 등이 유망해지면서 함께 각광을 받기도 한다. 그러나 가치주가 부각되어 이목을 집중시킨다 해도 수익률 제고를 위해서는 참아야 할 시기다.

3. 확장기

펀더멘털 지표 기준으로 아직 회복 기조가 한창이라면 시장은 이미 확장기에 접어든 것이다. 주가가 비싸다는 이야기가 나오면서 수익을 챙긴 투자자들의 차익실현 움직임이 시작되고, 3~4배씩 오르는 개별주가 조금씩 주목을 받는다. 싼 주식을 찾는 사람보다는 상승 흐름이 지속되는 주식을 찾게 되는데 이때 '탐욕'이 나타난다. 99칸의 방을 가진 부자가 1칸을 더 채워 100칸을 가지려고 발악하듯 조금이라도 더 이익을 보려는 욕심이 드러난다.

확장기에는 모멘텀 전략과 성장주 전략이 두각을 나타낸다. 또한 회복기 중간에는 로우볼 전략의 유효한 타이밍이 오기도 한다. 변동성이 조금씩 커지기 때문에 저변동성 주식을 찾는 이들이 등장하기 시작하기 때문이다. 경기가 좋으므로 소비재 종목이 투자처로 적합하다. 또한 원자재 부분도 좋다. 소비와 제조가 박자를 맞추는 시기이므로 원자재 생산도 원활하다. 선진국과 신흥국을 놓고 판단하자면 아직까지는 그나마 선진국이 안전하다. 더 좋다는 뜻은 아니다. 어디까지나 더 안전하다는 의미다.

4. 경기 정점

운용일을 하면서 가장 어려운 건 주식 시장이 정점에 다다를 때 운용 전략을 수립하는 일이다. 시장이 바닥일 때의 자금 운용은 상대적으로 어렵지 않다. 보통 인내와 끈기가 해결해준다고 보면 된다. 바닥 이전에 망하지 않을 기업에 투자했다면 바닥을 지날 때까지 버티기만 하면 된다. 필자는 필자보다 10배는 더 똑똑한 우리 정부 관료들과 정치인들이 시장의 바닥을 조속히 탈출할 수 있게 최선을 다할 것이라 믿어 의심치 않는다. 그들에게는 4~5년 주기로 다가오는 선거가 달려 있는 일이기 때문이다.

어쨌든 시장의 꼭지가 어디인지 아는 건 그만큼 어려운데, 이를 가장 쉽게 아는 방법이 기업의 실적이다. 모든 증권사는 분기별로 기업 실적을 면밀히 분석해서 리포트를 발간한다. 어렵지 않게 구할 수 있다. 증권사 리포트 중 영업이익률이 지난 분기 및 전년 동기 대비 상승 속도가 현저히 떨어졌다면 무조건 의심해야 한다. 특히 특정 몇 개의 섹터가 아니라 대부분의 섹터에서 영업이익률 상승 속도가 떨어졌다면 더더욱 그렇다. 반대로 1~2개 섹터가 대폭 상승 중이고 대부분의 섹터가 하락세를 보인다면 어떨까? 그 또한 꼭지의 준비 단계다. 그 1~2개 섹터가 언제까지 버틸지 모르기 때문이다.

관건은 이러한 상황에서의 대응법일 것이다. 이때는 고배당 전략과 퀄리티 전략이 유효하다. 시장이 꼭지에 다다른 것 같으나 확신이 없을 때, 아직 투자의 여지가 남아 있다고 볼 때는 어쨌든 배당이 나오는 기업에 손이 제일 먼저 간다. 그다음으로 망할 걱정 없고 재무가 튼튼한 기업에 손이 간다. 이 시기에는 선택의 기준이 명확하다. 투자자가 다소 공격적인 투자자라면 퀄리티 전략을, 보수적인 투자자라면 고배당 전략을 선택하면 된다.

5. 후퇴기

시장 가격이 정점을 지나 하락하기 시작하면 경제지표는 그제야 정점에 다다른다. 시장순환주기로는 후퇴기에 접어든 것인데, 보통 이때 실업률과 성장률이 사상 최고라는 문구가 1면을 장식한다. 이코노미스트들은 보기에 너무 좋은 지표들을 내세워 핑크빛 미래를 전망한다. 하지만 기업의 매출이 조금씩 줄어들고, 일부 기업은 포화된 시장에서 먹거리가 없어 이익률이 감소한다. 소비도 차츰 떨어지면서 기대 인플레이션(Expected Inflation)[7]도 떨어진다. 경기가 좋으면 금리가 상승하는 것이 정상이지만 오히려 금리가 빠진다. 기대 인플레이션 때문이다.

긴장감이 조금씩 고조되면서 사람들은 가치주 전략과 고배당 전략을 찾기 시작하고, 미래가 언제나 밝은 헬스케어 섹터가 움직인다. 이러한 현상은 시장이 끝물이거나 베어 마켓에 다가서고 있다는 뜻이다. 다시 말하지만 경기순환주기는 시장순환주기보다 후행적이므로 경제지표는 최고로 좋다. 속기 딱 좋다는 뜻이다.

6. 침체기

후퇴기를 지나 침체기에 접어들면 이미 늦었다. 주식의 하락폭과 변동성은 이전과 달리 커졌지만 아직 지표가 나쁘지 않기 때문에

---

7   기업 및 가계 등의 경제 주체들이 예상하는 미래의 물가상승률. 실제 인플레이션에 영향을 주는 중요한 경제지표 중 하나다.

안심해도 된다는 인터뷰가 간간이 들려온다. 사업이 일부 폐쇄되거나 구조조정이 발생해 분위기가 싸늘해진다. 공포감이 엄습하고 긴장감이 팽배해진다. 고배당 전략도 소용이 없다. 이때 다시 물불안 가리고 가치주만 신봉하는 소위 '주식쟁이'들이 그나마 우리가 낫다며 고개를 든다.

그렇다면 앞으로 다가올 시장은 어떤 시점일까? 2018년 하반기 변동성을 감안하고 바라보아도 냉정히 말하면 이미 글로벌 시장은 많이 오른 상태다. 팩트만 보면 IT 주도의 시장은 아쉽게도 막을 내리고 있다. 반도체 시황이 아직 죽지 않았다고 보는 사람들도 많지만 글로벌 증시는 2018년 10월, 12월 조정을 계기로 변동성을 한껏 키워놓은 상황이다. 시장순환주기로 대입하면 경기 정점 근처 또는 직전까지 왔다고 볼 소지가 충분하다. 최근 반락한 경제지표와 둔화 전망, 그리고 기업 실적의 상승폭이 축소된 점 등을 들어 경기순환주기가 이미 꼭지를 지났다고 보는 이도 많다. 하지만 그 전망이 일시적일지 장기적일지에 대해서는 심도 있게 고민해볼 필요가 있다. 그래서 시장은 예상과 전망보다는 대응이 우선시되어야 한다고 말하고 싶다.

그간 많은 주식이 오르는 가운데 저변동성 주식도 비싸졌고, 성장주는 이미 너무 많이 올랐다. 가치주와 성장주의 상대강도지수(Relative Strength Index)[8]를 보면 성장주 강세의 시장에서 가치주 강세의 시장으로 넘어가는 듯 보인다. 아직 경기 정점이 확실히 넘어갔다고 보이진 않으나, 특정 자산군과 전략이 상대적으로 우월하다는 판단이 서지 않기 때문에 보수적으로 대응해야 한다는 목소리가 커진다. 슬슬 달리는 말에서 내려야 할 시점이 오고 있다는 느낌도 든다. 투자자 개개인의 심리에 따라 포지션을 달리 취해야겠지만 다소 불안하다면 점진적으로 위험자산의 비중을 줄여가는 게 좋을 것이다. 매도 포지션을 취하고 싶지 않다고 하더라도 그간 고공행진을 한 성장주 전략, 모멘텀 전략과는 이별을 해야 할 때인 건 분명하다.

---

8 웰레스 윌더가 개발한 지표로, 추세의 강도를 백분율로 나타내 언제 주가의 추세가 전환될 것인지 예측하기 위해 만들어졌다.

스타일 전략 ③
사이즈 전략과 현 시황

사이즈 전략도 스타일 전략과 겹치거나 6가지 중에 하나로 편입될 가능성이 높다. 현 시황을 분석해 어떻게 움직일지 판단해보자.

지금까지 알파자산의 고도화를 위해 6가지 투자 전략을 알아보았다. 글로벌 금융위기 이후 전 세계 금융 시장이 동조화하는 경향이 짙어지면서 스타일 전략의 활용도가 높아지고 있다. 시황에 따라 적절히 활용해 수익률 제고에 힘써야 할 때다. 물론 지역별 스타일로 다시 구분해 적용할 수도 있지만 매우 복잡하고 적절한 투자 자산을 찾기도 어렵다. 따라서 일반 투자자가 이를 적용할 때는 전 세계 증시(MSCI 세계지수 등) 또는 전 세계 절반의 시장을 차지하는 미국 증시 정도를 판단 근거로 활용하는 것이 합리적이다.

사이즈 전략과
스타일 전략

스타일 전략과 함께 알파자산을 고도화할 때 한 번쯤 고려해야 하는 전략으로 사이즈 전략을 들 수 있다. 즉 주식을 대형주, 중형주, 소형주로 구분해 투자하는 전략이다. 사이즈에 대한 구분은 펀드 평가사나 운용사마다 기준이 다른 경우가 많은데, 보통 시가총액 기준으로 100억 달러 이상이면 대형주, 20억~100억 달러는 중형주, 20억 달러 이하인 경우에는 소형주로 분류한다. 다시 말하지만 기준이 모두 다르므로 절대적인 수치는 아니다. 이렇게 주식을 시가총액 기준으로 구분하는 전략은 ETF와 인덱스펀드, 즉 패시브 투자 전략이 활성화되면서 영향력이 높아졌다.

　액티브펀드가 금융위기 때 리스크 관리에 미진했던 반면 지수를 추종하는 패시브펀드는 성과가 높았다. 액티브 전략은 폭락하는 시장에서 로스컷(손절매)을 회피할 방법이 없었기 때문에 성과가 빠르게 올라오는 패시브 전략으로 자금이 쏠렸는데, 미국을 포함한 선진국과 달리 신흥국은 패시브 전략과 대형주 전략의 상관관계가 높아지는 결과로 이어졌다. 가령 미국의 기관 투자자가 아시아에 투자하려고 마음먹으면 아시아 국가 내 주식을 세부적으로 훑어보는 경우도 있지만, ETF나 인덱스펀드로 투자하는 경우가 더 많다. 이 경우 유입된 자금은 대부분 지수 내에서 비중이 큰 종목, 즉 삼성전자, SK하이닉스, 텐센트 등과 같은 대형 기업에 유입된다. 아시아뿐만 아니라 남미, 유럽 등도 별반 다르지 않다. 결국 이렇게 대형주에 몰린 자금이 각국의 증시를 견인하게 된다. 2017년 외국인 자금 유입으로 삼성전자가 코스피를 들었다 놨다 한 것처럼 말이다.

대형주에 국한된 외국인과 기관의 투자는 지수를 상승시키고, 지수를 추종해 추가로 들어오는 패시브 투자자금은 다시 대형주의 주가만 재차 밀어 올리는 결과를 낳는다. 반대로 중소형주는 기업의 실적이 좋더라도 들어올 자금이 없어 시장에서 소외를 당하게 된다. 좋게 말하면 저평가되는 것이다. 일정 시점이 지나면 상대적으로 저평가된 주식을 좋아하는 가치주 투자자들이 중소형주에 투자하겠지만, 대형주는 성장주 투자자들의 놀이터가 될 수도 있다. 다시 말해 사이즈로 구분되는 전략도 어느 시점부터는 스타일 전략과 일정 부분 겹치거나 아예 6가지 중 하나로 분류될 가능성이 높다.

스타일 전략 vs. 지역별 자산배분

스타일 전략과 지역별 자산배분 중 어느 방법이 더 유망한지 의문이 들 것이다. 두 방법 다 합리적인 자산배분 방법이며 초과수익을

구분	지역별 자산배분	스타일 전략
방법 적용을 위한 시장 분석	시장 및 국가별 분석 필요	경제 사이클 분석 필요
적용 가능한 시장 분위기	상승기에 유망	상승기, 하락기 모두 가능
초과수익 범위	고수익 가능	중저수익 가능
리밸런싱	중장기 관점이 기본이지만, 시장 상황과 변동성에 따라 단기 관점에서도 가능	경제 사이클에 따라 장기 관점

추구하기 좋다. 하지만 각기 다른 장단점이 존재하므로 시황에 따라 고민할 필요가 있다. 보다 큰 안목에서 활용 방안을 검토해보자.

우선 지역별 자산배분은 핵심자산을 선택할 때 시장 분석을 다각도로 철저히 하고, 장기적인 관점에서 매우 공을 들여 선정하는 작업이 필요하다. 다음으로 핵심자산과 변동성의 상관관계를 고려해 알파자산을 선정해야 한다. 물론 알파자산 후보군 지역에 대한 시장 분석도 병행되어야 한다. 따라서 지역별 자산배분은 시장을 분석할 때 거시적인 분석뿐만 아니라 미시적인 분석(국가별 또는 지역별 분석)이 함께 이루어진다. 동조화 현상으로 인해 상승기에는 상대적으로 자산 선정이나 초과수익률의 부담이 적어졌지만, 하락기에는 알파자산 선택 시 보다 더 신중한 판단이 필요해졌다. 포트폴리오 구성을 위해 객관적인 변동성 분석이 수반되어야 한다. 따라서 분위기가 시장 친화적이고 상승장일 때 매우 유용하다. 글로벌 유동성이 확대되고, 기준금리가 인하되며, 각국 정부에서 친 기업적 정책이 발표되고, 기업의 매출과 영업이익률이 상승할 때 합리적으로 선정된 알파자산은 더욱 빛을 발할 것이다.

　반대로 스타일 전략은 핵심자산을 선택하는 과정까지는 지역별 자산배분과 유사하나 알파자산을 선택하는 방법이 다르다. 시장 분석을 바탕으로 현재의 시장이 4단계 중 어디에 있는지 판단하는 게 매우 중요하며, 단계별로 유효한 전략을 선택한다. 보다 큰 흐름에서 알파자산을 선택하므로 지역별 자산배분의 알파자산보다 리밸런싱(운용하는 자산의 편입 비중을 재조정하는 행위) 주기가 길다. 포트폴리오의 변동성은 줄일 수 있지만 시장에 아주 면밀하게 대응하는 방법은 아니므로 초과수익이 크지 않을 수 있다. 반면 상대적으로 하락에 대한 위험도 적다. 스타일 전략은 어느 정도 시장이 상승했을 때, 즉 확장기의 중반 이후부터 유용하다고 본다. 유동성이 줄어들고, 영업이익률이 감소하고, 시장의 변동성이 확대되는 하락기에 스타일 전략으로 포트폴리오의 위험을 줄일 수 있다.

현 시황에서의
스타일 전략

앞서 달리는 말에서 슬슬 내려야 할 때가 온 것 같다고 조심스럽게 이야기했었다. 현 시황을 정확히 분석하기 위해서는 역시 미국 경기를 우선적으로 살펴볼 필요가 있다. 미국 경기순환주기를 다소

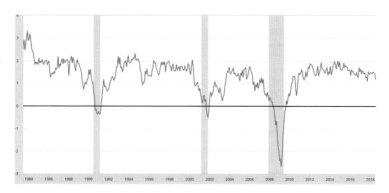

자료: FRED

현실적으로 볼 수 있는 지표인 '필라델피아 연방은행 선행지표'를
보면 2015년부터 지속적으로 경기 상승 속도가 둔화되고 있다는
걸 알 수 있다.

물론 상승폭이 줄어든 것이지 상승세가 멈춘 것은 아니다. 그러
므로 과도하게 우려하지 않아도 되지만 스타일 전략에서 배웠던
확장기 말에 나타나는 현상을 되짚어볼 필요가 있다. 경기순환주
기를 이야기할 때 확장기 말에는 고배당 전략 또는 퀄리티 전략이
유망하다고 언급했었다. 예측이 틀려 시기가 흐른 뒤에도 확장기
가 끝나지 않을 수 있지만, 투자자들이 확장기가 끝나간다고 느낀
다면 두 전략은 각광을 받을 수 있다. 변동성이 클수록, 또는 내재
되어 있을수록 고배당 전략이 유망하기 때문이다.

S&P500을 기준으로 6가지 스타일 전략별 수익률 추이를 비교

▶ 스타일 전략별 수익률 추이 비교

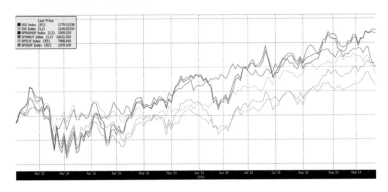

자료: 블룸버그

한 도표를 보자. 2018년 1월 1일을 기점으로 각각 미국의 성장주 (검정), 가치주(녹색), 모멘텀주(회색), 고배당주(빨강), 로우볼주(주황), 퀄리티주(파랑)를 상대비교한 그래프다. 가치주가 가장 낮은 성과 를 기록했고, 성장주와 모멘텀주가 높은 수익률을 기록했다. 퀄리 티 전략은 3분기를 지나면서 상승세를 보이고 있다. 2018년 하반 기 상황을 보면 아직 모멘텀 전략과 성장주 전략이 상승세에 있는 것을 볼 수 있다. 연중 상승세였던 고배당 전략은 4분기 직전 하락 했고, 퀄리티 전략은 지속적으로 상승하고 있는 추세다. 가치주 전 략은 아직 바닥에 깔려 있다.

시장에 퍼진 불안감으로 인해 중간중간 성장주 전략 쪽으로 자 금이 집중되었다는 걸 알 수 있다. 죽어가던 성장주의 불씨가 아직 살아 있는 상황이다. 따라서 2018년 하반기부터 2019년 초를 경기순환주기의 관점에서 보면 확장기가 중반 이상 지나갔다고 해석할 수 있으며, 아직 경기 정점에는 다다르지 못했다고 판단된다. 물론 이를 시장순환주기로 해석하면 이미 꼭지에 다다랐을 수 있기 때문에 작금에는 성장주 전략만을 추구하는 방식을 지양할 필요가 있다. 퀄리티 전략도 포트폴리오에 일부 포함하는 방향이 합리적으로 보인다. 이후 시장을 모니터링하면서 경기 정점, 즉 꼭지에 다다랐다는 판단이 들면 성장주 전략을 고배당 전략 또는 퀄리티 전략으로 전환하는 결단이 필요하다.

보통 금리 인상기의 끝에 이러한 고민거리(경기 정점에 대한 고민)가 생겨난다. 2004~2006년 금리 인상기 때도 분위기는 별반 다르지 않았다. 미국이 금리 인상을 한다는 건 인플레이션이 발생할 거라는 뜻과 같은데, 이는 소비가 발생하고 경기가 살아나는 선순환 구조 속에 있다는 뜻이다. 그런데 꼭지에 대한 논란이 나타나면 인플레이션에 대한 우려가 완화되고, 금리에 대한 매력이 줄어들어 정기적으로 돈이 들어오는 배당에 대한 수요가 창출된다.

문제는 트럼프 대통령 취임 이후 고배당 전략의 수급이 예전과 비교해 좋지 않다는 점이다. 고배당 전략이 과거와 달리 각광을 받지 못하고 있는데, 이는 최근 들어 배당보다 자사주 매입으로 주가를 부양시켜 투자자를 관리하는 기업이 많아졌기 때문이다. 유동성이 많은 시장에서는 자사주 매입과 같은 호재가 주가에 매우 민감하게 영향을 주므로 배당 소득보다 훨씬 큰 효과를 볼 수 있다. 특히 트럼프 정부의 감세 정책이 한몫해 기업이 세금 인하로 받은

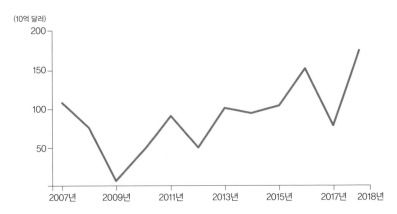

▶ 미국 자사주 매입 현황

(10억 달러)

자료: 비리니 어소시에이츠

혜택을 자사주 매입에 썼다는 의견이 많다. 하지만 이러한 정책 기조가 언제까지 지속되지는 못할 것이고, 추후 감세 정책의 영향이 줄어들게 되면 오히려 저평가된 배당주의 평균회귀가 빨라질 수 있다.

여러 가지 상황을 고려해보면 이번 경기순환주기의 꼭지에서는 퀄리티 전략이 합리적인 선택이 될 가능성이 높다. 퀄리티 전략은 그 스타일상 재무건전성이 좋은 주식을 투자처로 삼기 때문에 상대적으로 안전하다. ROE가 높고 재무건전성이 좋은 기업, 즉 말 그대로 퀄리티가 좋은 주식은 현금이 잘 돌기 때문에 배당 가능성도 높다. 만약 연방준비제도에서 경기 후퇴를 우려해 중립금리[9]를 예상보다 낮게 측정하고 금리를 올리지 않는다면 어떻게 될까? 투자심리가 위축된 이들은 고배당 전략을 찾겠지만, 한편으로는 성장주로 재미를 봤던 기억을 떨치지 못해 돈을 잘 벌면서 동시에 배당을 많이 주는 기업을 찾으려는 투자자들도 있을 것이다. 하지만 실제로 2018년 11월 말 기준으로 S&P500 내 ROE 상위 50개 배당 기업의 배당률은 2.3% 수준이었다. 이는 전체 배당주 평균인 2% 수준보다 높다. 결국 ROE가 높은 퀄리티 주식에 투자하면 자본이익과 배당을 함께 추구할 수 있다는 뜻이다.

2018년 말부터 중립금리를 두고 시장에서 말이 많다. 경기가 후퇴하고 있다는 의견과 당장은 아니더라도 그 시점이 그리 멀지 않았다고 주장하는 의견이 다수다. 이런 상황에 그간 용이하게 활용해왔던 고배당 전략마저 자사주 매입 등의 이슈로 수급이 부진해졌다. 물론 S&P500의 배당 상위 종목의 배당률은 6% 수준으로 아직 매우 높지만, 해당 주가의 변동성을 감안하면 생각보다 장기간 보유하게 될 가능성이 있다. 그렇다면 평균 이상의 배당을 가지고 있는 기업들을 대상으로 하는 퀄리티 전략을 바탕으로 액티브펀드에 투자해보는 건 어떨까?

아쉽게도 과거와 같이 '배당 수익이 주가 하락을 메워주겠지?'라는 막연한 생각으로 시장의 꼭지 근처에서 고배당 전략만을 추구하던 시절은 끝났다. 유례 없는 유동성 시장을 겪은 이후 충분한 긴축을 하지 않은 현 상황에서 예상치 못한 정치 이벤트와 외교적

---

9 인플레이션 또는 디플레이션 압력이 없는 잠재성장률 수준을 회복할 수 있도록 하는 이론적 금리 수준을 일컫는다.

현안들이 변동성을 키우고 있기 때문이다. 따라서 고배당 전략도 유연하게 접근할 필요가 있다. 많은 글로벌 운용역들이 저렴하다는 매력 하나 때문에 가치주 전략을 고집하지만, 필자는 퀄리티 전략을 혼용하는 것이 지금과 같은 시장순환주기에서는 합리적이라 생각한다.

해외 채권투자로
주식의 단점을 보완하자

해외 주식 하나만으로 한정 지어 포트폴리오를 구성하는 것은 리스크가 크다.
해외 채권투자로 이러한 리스크를 상쇄해보자.

포트폴리오를 주식으로만 구성하는 건 비효율적이다. 전통적인 자산배분 포트폴리오는 주식을 비롯해 채권, 원자재까지 포함할 수 있는데 이는 난이도가 매우 높은 수준이다. 운용 경력이 쌓이면 채권과 주식 정도까지는 손댈 수 있겠지만 원자재에 투자하는 일은 별도의 노력이 필요하다. 그리고 요즘 유행하는 리츠, 인프라, 헤지펀드 등을 활용해 다양한 핵심자산과 알파자산으로 유연하게 시장에 대응하는 포트폴리오 또한 매우 어려운 영역이다. 멀티에셋(Multi-Asset)이라 불리는 이러한 포트폴리오는 각 자산의 특성을 면밀히 알아야 하기 때문에 고난이도 운용 영역에 속한다.

국내에도 이러한 운용 영역이 있기는 하지만 솔직히 제대로 할 수 있는 사람은 많지 않다고 본다. 멀티에셋 운용을 위한 조직과 인프라가 갖춰진 운용사와 증권사가 거의 없기 때문이다. 인프라가 받쳐주지 않는데 운용역이 효율적인 운용을 할 수 있을까? 그래서 전문가가 아닌 개인 투자자가 제대로 손을 댈 수 있는 영역은 채권 정도다. 해외 주식 하나만으로 한정 지어 포트폴리오를 구성하는 것은 리스크가 크기 때문에 채권도 관심을 가져야만 한다. 해외 채권투자로 이러한 리스크를 상쇄해보자.

채권투자도
원칙과 순서가 있다

채권투자도 주식투자와 마찬가지로 순서와 원칙이 있다. 핵심자산은 주식과 같은 규칙이 적용된다. 채권 역시 안정적으로 장기투자가 가능한 핵심자산은 역시 미국이다. 국채 금리 인상으로 종종 가격 변동성이 생기기는 하나, 미국 채권의 금리가 올라가면 쿠폰(이자)의 매력이 높아진다는 장점이 있다. 물론 장기 보유를 하는 관점에서는 가격 변동성보다는 꾸준한 수익성과 안전성이 더 중요하다. 하지만 국채 금리 인상으로 전 세계에서 가장 안전한 채권이 이자까지 더 주는 방향으로 가고 있다는 건 유의미하다. 물론 언제

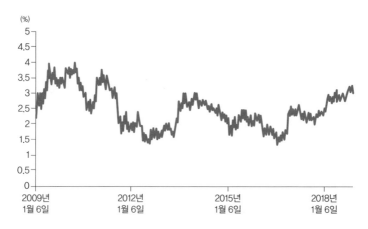

▶ 미국 국채 금리 추이

자료: 블룸버그

까지 그런 기조가 이어질지는 모르지만 말이다

그런데 알파자산의 경우에는 주식과 다르다. 첫 번째 알파자산을 선정할 때 핵심자산과 비교해 변동성이 큰 자산을 찾는 건 동일하지만, 상관관계가 낮아야 한다는 조건에는 다른 해석이 필요하다. 채권은 금리가 기본이 되는 자산이다. 따라서 상관관계가 낮다는 건 방향이 다른 영역에서 발행되는 채권이거나, 또는 아예 채권을 움직이는 금리 자체와 상관관계가 낮아야 한다. 가령 국채는 기본적으로 금리와 채권 가격의 방향이 반대이므로 금리를 기준으로 자산의 성격을 파악하면 된다. 하지만 회사채, 전환사채는 국채와 성격이 조금 다르다. 회사채도 금리에 따라 채권 가격이 움직이는 것은 맞지만 회사채의 수익성과 가격은 금리보다 해당 회사 및 채

▶ 해외 채권과 국내 채권의 투자 요건 비교

구분	이자율	가격 변동성	안정성[10]	비고
선진국 국채(미국 제외)	매우 낮음	매우 낮음	매우 높음	안전성 중심의 초장기투자에 적합
신흥국 국채	높음	매우 높음	높음(펀더멘털 고려)	신흥국 중 펀더멘털 기준으로 선별 시 알파자산으로 리스크 관리 가능
선진국 투자등급 회사채(미국 포함)	높음	높음	높음	유가 등 일부 변수로 파산 위험이 상승하지 않는 한 알파자산으로 적합
글로벌 투기등급 회사채(글로벌 하이일드펀드 기준)	매우 높음	매우 높음	보통[11]	유가 등 일부 변수의 등락에 취약함. 철저한 모니터링 필요
한국 국공채	낮음	낮음	매우 높음	선진국 국채 수준의 안정성이 있으나 수익률이 낮음
한국 회사채	보통	높음	높음	중장기 안정적 투자에 적절한 자산이나 초과수익 목적의 자산으로는 부족

권 자체의 부도율 같은 다른 요소의 영향을 받는다. 신용등급[12]이 낮은 투기등급의 회사채는 더더욱 그러하다. 따라서 첫 번째 알파 자산은 시장이 완전히 후퇴기에 접어들지만 않는다면 회사채, 그 중에서도 투기등급 회사채를 고려해볼 수 있다.

해외 채권과 국내 채권의 투자 요건을 한눈에 보기 쉽게 정리한 표를 보면 이해하기 쉬울 것이다. 각 항목은 이해를 돕기 위해 직

---

10 가격 변동성을 제외한 순수 채권불이행리스크(Default Risk), 즉 파산 위험성만을 고려
11 글로벌 하이일드펀드에서는 펀드매니저와 전문가로 구성된 운용팀에서 파산 위험성을 우선적으로 검토한다고 가정
12 회사채는 투자등급 회사채와 투기등급 회사채로 나뉜다. 후자가 일명 하이일드채권이다.

관적으로 높고 낮음으로 구분했다. 주식의 경우 두 번째 알파자산은 핵심자산과 유사한 변동성을 갖고 있으면서 밸류에이션이 낮은 자산을 찾아야 하는데, 이는 채권에서 적용되기 어려운 개념이다. 따라서 두 번째 알파자산은 리스크는 핵심자산과 유사하지만 일드, 즉 이자를 더 많이 줄 수 있는 채권으로 선정해야 한다. 미국의 국채와 유사한 리스크를 가진 자산은 선진국 투자등급 회사채와 선별된(성장성이 보이는) 신흥국 국채가 합리적으로 보인다. 이들 자산은 '미국과 유사한 리스크'라는 부분에서는 비교가 어렵지만 감내할 만한 리스크 수준에서 이자를 많이 준다는 조건에는 부합한다고 생각한다.

　사실 채권은 기본적으로 장기투자를 전제로 한다. 투자 기간으로 최소 3~5년은 고려하는 것이 맞다. 하지만 알파자산으로 언급된 투자등급 회사채, 투기등급 회사채, 신흥국 국채는 투자 기간을 그보다 짧게 가져갈 수 있다. 물론 경제 회복기에는 하이일드채권처럼 투자 가치가 높은 자산이 좋다. 하지만 자산의 성격상 보유 기간을 무작정 늘리기는 어렵다. 하이일드채권의 가격이 주식과 비슷하게 등락하는 것을 보면 알 수 있다. 해외 주식과 하이일드채권의 추이를 비교한 그래프를 보자. 붉은 선은 해외 주식(MSCI 세계 지수)의 추이이고, 파란 선은 해외 하이일드채권의 추이다. 주식과 마찬가지로 등락의 폭이 큰 것을 알 수 있다.

　따라서 만일 채권만으로 포트폴리오를 구성한다면 경제 전반이 호황기이거나 회복기일 때는 국내 회사채를 핵심자산으로 선정하

▶ 해외 주식과 해외 하이일드채권의 추이

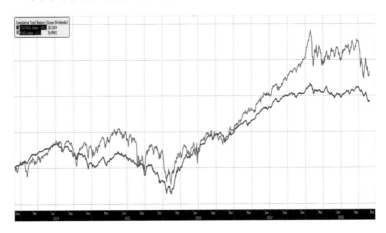

자료: 블룸버그

고, 글로벌 투기등급 회사채와 신흥국 국채 등으로 포트폴리오를 구성하는 것이 올바른 투자의 순서와 원칙이다. 반면 경제가 후퇴기 또는 침체기에 접어들면 금리가 어느 정도 상승한 상황에서 미국 국채를 핵심자산으로 선정하고, 선진국 투자등급 회사채 정도로만 포트폴리오를 구성하는 것이 좋다.

　경제 상승기 후반, 경기 후퇴기와 침체기를 앞둔 시점에 글로벌 투기등급 회사채를 포트폴리오에서 제외하라고 한 이유는 투자자들의 성향 때문이다. 기본적으로 채권에 투자하는 투자자들은 매우 보수적이다. 은행에서 운용일을 하면서 채권을 극히 선호하는 투자자들을 경험해본 결과, 보수적인 투자자들은 결국 정기예금 상품 수준의 리스크 회피를 기대하고 있는 경우가 많았다. 채권이

▶ **시기별 채권 포트폴리오 구성**

구분	경기 호황기, 회복기	경기 후퇴기, 침체기	비고
핵심자산	국내 회사채	선진국 국채	비중은 30~50% 내에서 탄력적으로 조정
알파자산1	글로벌 투기등급 회사채	선진국 투자등급 회사채	20~30%
알파자산2	신흥국 국채, 선진국 투자등급 회사채	–	20~30%

라는 투자 자산을 보유하면서 동시에 원금까지 보존되는 안정성을 기대한다. 그래서 채권을 운용할 땐 리스크 요인들이 조금이라도 감지되면 보수적으로 움직이게 된다. 투기등급보다는 투자등급을 택하고, 회사채보다는 국채로 안전성에 역점을 둔다. 채권에 넣는 자금은 보통 전세금, 자녀 대학자금, 유학비 등인 경우가 많아 예금의 성격이 짙기 때문이다.

추는 한 방향에
오래 머물지 않는다.

• 피터 번스타인(Peter Bernstein) •

— 4장 —

펀드를 활용한
해외 주식투자

펀드가 매력적인
투자 자산인 이유

펀드는 다른 투자 자산과 달리 전문가가 주체가 되어 시장에 대응하는 전략을
취하고 있어 리스크를 완화할 수 있다. 그렇다면 좋은 펀드란 어떤 펀드일까?

최근 다양한 투자 자산이 우후죽순 등장해 투자자들의 고민이 깊
어지고 있다. 일례로 펀드를 거래소에 상장해 접근성을 높인 ETF
는 저렴한 수수료로 투자자들 사이에서 큰 인기를 끌고 있다. 주요
국가별 증시를 추종하는 상품이 주를 이루다가 최근에는 액티브
투자 전략까지 구사하는 ETF가 등장하면서 더욱 높은 인기를 구
가하고 있는데, 그럼에도 불구하고 연기금뿐만 아니라 고액 자산
가들 사이에서는 아직까지 펀드를 더 선호하는 추세다. 현장에서
뛰고 있는 필자조차 좋은 상품에 한해서지만 펀드에 손이 먼저 가
는 게 현실이다. 펀드가, 정확히는 액티브펀드가 글로벌 자산배분

에 유용하다고 느끼는 이유는 지수만을 기계적으로 추종하는 인덱스펀드를 제외하고는 아직까지 ETF가 여러모로 부족하다고 느껴지기 때문이다. 안정성이나 수익성 등 여러 면에서 액티브펀드를 따라잡을 수 없다고 본다.

펀드가
사랑받는 이유

펀드는 ETF와 달리 전문화된 펀드매니저가 시장에 대응하는 전략을 취하고 있기 때문에 상황에 따라 리스크를 완화할 수 있다. 물론 '좋은 펀드'와 '좋은 펀드매니저'에 한정된 이야기다. 펀드는 운용 목표가 있기 때문에 기본적으로 가는 방향이 정해져 있지만 그래도 시장의 이례적인 변동성에는 펀드매니저가 적극적으로 대응할 여지가 있다. 다시 말해 기계적으로 시장을 반영하는 다른 투자 자산과 달리 투자자가 굳이 신경을 쓰지 않더라도 하락장에서 리스크에 능동적으로 대응할 수 있다는 장점이 있다. 반대로 상승장에서도 전문화된 펀드매니저에 의해 수익률이 높아질 수 있는 잠재력이 큰 투자 자산이 바로 펀드다.

오락실에서 하는 자동차 운전 게임을 떠올리면 이해가 쉽다. 수동변속 차량을 선택해 자유롭게 기어를 바꿔가며 운전할 수 있지

펀드는 기계적으로 시장을 반영하는 다른 투자 자산과 달리 하락장에서 리스크에 능동적으로 대응할 수 있다는 장점이 있다.

만, 웬만큼 고수가 아닌 이상 게임 속의 난코스(급회전 구간과 장애물 구간)를 앞에 두고 자신 있게 수동변속 차량을 선택하지 않는다. 여기서 말하는 급회전 구간과 장애물 구간이 바로 시장의 이례적인 변동성을 뜻한다. 운전자인 투자자가 지형과 장애물을 사전에 잘 파악하고 실력도 뛰어나다면 수동변속 차량, 즉 ETF를 선택해 유연한 운용을 하면 된다. 그러나 고장 없이 잘 돌아가는 자동변속 차량(좋은 액티브펀드)이 있다면 굳이 그럴 필요는 없다. 편하기도 하고 오히려 더 안전하기도 하다.

그럼 도대체 좋은 펀드가 무엇이기에 이토록 사랑과 신뢰를 받는 것일까? 우선 펀드의 기본적인 개념부터 살펴보면 이렇다. 펀드는 다른 말로 '집합투자기구'라 불리는데, 금융감독원 용어사전에서는 다음과 같이 설명한다. "집합투자기구는 2인 이상에게 투자 권유를 해 모은 금전 등을 투자자로부터 일상적인 운용 지시를 받지 아니하면서 재산적 가치가 있는 투자 대상 자산을 취득·처분 등의 방법으로 운용하고 그 결과를 투자자에게 배분해 귀속시키는 것을 의미한다."

이 내용을 좀 더 풀어 설명하면 이렇다. 펀드는 투자일임, 신탁과 유사하나 투자일임은 개별 투자자와 투자 자문회사의 개별적 계약 관계라는 점에서 펀드와 다르고, 계약자산의 소유권이 투자자에게 존속한다는 점에서 차이가 있다. 신탁은 위탁자와 수탁자의 신뢰 관계를 바탕으로 하는 개별적인 투자라는 점에서 펀드와 차이가 있다(투자신탁과는 다른 개념이다). 집합투자를 위한 재산의 집합체인 집합투자기구는 통상 펀드라 지칭되며, 펀드는 주된 투자 대상에 따라 증권펀드, 부동산펀드, 특별자산펀드, 혼합자산펀드, 단기 금융펀드 등으로 구분된다.

즉 펀드는 투자금에 맞게 수익을 배분하는 구조이며 전문 투자 관리자, 즉 펀드매니저가 있어 투자자가 일상적인 운용에 관여하지 않아도 된다. 펀드매니저라 불리는 전문가가 투자 주체가 되어 수익을 만들고, 알아서 투자한 만큼 이익을 분배하는 개념이다. 따라서 투자자가 주의 깊게 챙겨봐야 할 부분은 펀드매니저의 전문성과 펀드의 수익 분배 프로세스라고 요약할 수 있다.

어떤 펀드가
좋은 펀드일까?

일상적인 운용에 투자자가 관여하지 못하기 때문에 펀드매니저가 전문성이 있는지, 어떤 방식으로 자금을 운용해왔는지, 또 앞으로 어떻게 운용할 것인지 미리 알아봐야 한다. 또한 펀드매니저의 자금 운용 방법이 지금까지 해봤던 방법인지 확인하고, 해당 방법으로 얼마만큼 수익을 냈었는지도 꼼꼼히 따져봐야 한다.

수익 분배가 문제없이 진행되고 있는지 확인하라는 건 펀드매니저가 열심히 벌어놓은 돈이 투자자에게 잘 전달되고 있는지 운영체계를 살펴보라는 뜻이다. 펀드매니저가 번 수익금이 분배되어야 하는데 엉뚱하게 다른 투자자의 돈이 분배되고 있지 않은지도 체크해야 한다. 또한 펀드의 수수료 등을 확인하고, 투자한 자산에서 창출되는 자산의 자본이익, 배당금 등의 세부내역도 제대로 반영되어 있는지 면밀히 봐야 한다. 세부내역 정보를 왜곡하는 식으로 과거 펀드 수익률을 과장해 가입을 유도할 수 있기 때문이다. 이러한 펀드 운용과 프로세스의 적정성은 펀드매니저를 만나보고 돈을 정상적으로 잘 벌고 있는지 따져봐야 알 수 있다. 그리고 전반적으로 펀드가 문제없이 돌아가고 있는지 검토해야 알 수 있는데, 바로 이 작업이 판매사와 기관 투자자들이 주로 행하는 실사(Due Diligence)다.

네이버 펀드파인더 화면. 접근성이 뛰어난 펀드파인더를 통해 수천 개에 달하는 펀드를 쉽게 비교해볼 수 있다.

한국은 자산관리 금융 시장 특성상 투자자 중심이 아니라 판매사, 즉 증권사와 은행 등을 중심으로 움직인다. 판매사 직원들은 특히 투자 상품의 적정성을 판단하기 위한 실사 작업에 유의해야 한다. 고객을 보유한 투자 중개업자의 금융상품이 안정성을 고려하지 않고 팔리면 시장이 매우 혼란스러워질 것이기 때문이다. 그러므로 만약 지금 이 책을 읽고 있는 독자가 판매사의 PB이거나 PB를 꿈꾸고 있다면 남다른 사명감을 가지기 바란다. 단순히 실적에 급급한 생활을 하다가는 고객에게 '꿈에도 모를 리스크'를 떠넘기는 사람이 되고 말 것이다. 또한 시장과 고객만을 바라보고, 시장에 맞게 투자 상품을 추천하고 운용하는 소신이 있어야 한다. 본사에서 내려주는 추천 펀드가 아니더라도, KPI(핵심성과지표)에 도움이 되지 않더라도 오직 고객의 수익률만을 기준으로 좋은 펀드를 권유하고 도덕적으로 자산관리를 할 수 있는 용기가 필요한 직업이다.

펀드로 자산관리를 하는 투자자 역시 늘 공부하는 자세로 시장을 분석할 줄 알아야 하고, 시장에 대응할 수 있는 좋은 펀드를 고르는 눈을 가져야 한다. 그러나 수백, 수천 개에 달하는 펀드 중에서 어떤 펀드가 좋은 상품인지 분별하는 건 쉬운 일이 아니다. 네이버 펀드파인더(finance.naver.com/fund/fundFinder.nhn) 등의 서비스를 통해 최근에는 수천 개에 달하는 펀드를 쉽게 비교해볼 수 있게 되었지만, 여전히 좋은 펀드를 고르는 안목을 키우는 건 어려운 일이다. 필자는 이 책에서 좋은 상품을 고르는 안목을 선구안(選球眼)이라 지칭하겠다. 그렇다면 선구안은 어떻게 키울 수 있을까?

좋은 펀드는
좋은 운용사가 만든다

좋은 펀드를 찾기 위해서는 펀드가 소속되어 있는 운용사라는 조직을 살펴볼
필요가 있다. 운용사에 대한 이해 없이는 펀드를 안다고 할 수 없다.

좋은 펀드를 고르는 선구안, 즉 펀드매니저의 전문 역량과 펀드의
체계를 꿰뚫어 볼 수 있는 안목은 어떻게 기를 수 있을까? 사실 관
련 역량을 키우기 위해서는 실제 펀드평가사 등이 실사를 갈 때 동
참하는 것이 가장 확실한 방법이다. 하지만 일반 투자자가 이러한
기회를 얻기란 쉽지 않다. 또 실사에 참여한다 해도 해당 기관의
보안 문제로 자료를 마음대로 접할 수 없고, 업무 경험이 없는 상
태에서 일이 제대로 돌아가고 있는지 파악하기도 힘들다. 실사 방
법도 실사자마다 나름의 노하우가 있어 체계화하기 어렵다. 펀드
매니저 및 운용사 직원과 인터뷰를 하면서 상황에 따라 임기응변

으로 대처하는 부분이 많기 때문이다. 다만 이번 장에서는 그중 핵심적인 방법을 몇 가지 추려 그 방법을 중심으로 선구안을 키우는 방법에 대해 이야기해보려 한다.

운용사에 대한 이해가 먼저다

일단 펀드매니저가 소속되어 있는 운용사라는 조직에 대해 살펴볼 필요가 있다. 운용사를 평가하거나 운용사 조직을 분석하는 업무는 은행이나 증권사에서 일하는 직원들조차 쉽게 경험할 수 없는 일이다. 일반적으로 대형 판매사가 펀드의 판매를 위해 본사에서 진행하는 경우가 대부분이기 때문이다. 하지만 펀드 운용도 사람이 하는 일이다. 펀드매니저라는 사람들이 모여 있는 곳이 운용사이므로 운용사에 대한 이해 없이는 펀드를 안다고 할 수 없다. 그리고 만약 이 책을 읽고 있는 독자가 증권사나 은행 본사, 연기금에서 투자 상품을 선정하는 업무를 하고 있거나 펀드 전문가를 꿈꾸고 있다면 운용사라는 조직에 대해 빠삭하게 알고 있어야 한다. 그만큼 운용사에 대한 탐구는 필수적이다. 참고자료로 국내 상위 운용사 10곳과 운용자산 규모를 정리해보았다.

운용사를 분석하기 위해서는 정량적 요소와 정성적 요소에 대한

▶ 국내 운용사 상위 10곳 및 운용자산 규모(2017년 8월 말 기준)

순위	자산운용사	운용자산 규모
1	삼성자산운용	213.3조 원
2	미래에셋자산운용	97.5조 원
3	한화자산운용	90.2조 원
4	KB자산운용	54.8조 원
5	신한BNP자산운용	46.8조 원
6	한국투자신탁운용	42.2조 원
7	키움투자자산운용	39.0조 원
8	NH아문디자산운용	28.9조 원
9	흥국자산운용	28.7조 원
10	교보악사자산운용	28.6조 원

자료: 금융투자협회

평가를 구분할 필요가 있다. 정량적 요소들은 대부분 공개되어 있어 분석이 어렵지 않지만 정성적 요소는 그렇지 않다. 일정한 기준이 없어 전문적인 경험과 노하우가 필요한 영역이다. 정량적 요소로는 운용사 적자 유무, 수익 구조, 펀드매니저 평균 근무연수, 1인당 평균 운용 펀드 수 등이 있는데, 이는 재무제표나 펀드평가사(제로인, 한국펀드평가 등)를 통해 알 수 있다. 따라서 이 책에서는 정량적 요소의 평가를 위한 자료 출처와 분석 방법에 대한 논의보다는 실제 투자에 적용할 수 있는 정성적 요소에 대한 이야기에 집중하도록 하겠다.

1. 운용 철학

각 운용사를 볼 때 가장 먼저 봐야 하는 부분이 바로 운용 철학이다. 고등학교 때 닳도록 봤던『수학의 정석』처럼 펀드매니저는 운용사의 운용 철학을 '정석'으로 여긴다. 장기투자와 가치 투자를 고집한다거나, 과학적 방법으로 퀀트투자를 지향한다거나, 종목 선정에 무조건 우선순위를 두는 바텀업(Bottom-Up)[1]만을 추구하는 등 매우 다양한 철학들이 있다.

운용 철학이 중요한 이유는 운용사 내 펀드들의 지향점이자 큰 틀에서의 운용 전략이 되기 때문이다. 따라서 펀드매니저들은 본인이 좋든 싫든 그 틀을 따를 수밖에 없다. 경영진이 정립한 투자 철학과 상이한 길을 걷는 펀드매니저는 조직 내에서 소외될 수 있기 때문이다. 가치투자를 지향하는 운용사에서 성장주에 정통한 펀드매니저를 고용하는 일은 드물지만 한 펀드매니저가 갑자기 성장주펀드를 운용하게 되었다고 가정해보자. 해당 펀드의 운용자산이 매우 크고 성과가 탁월하다면 지속적으로 시장의 관심을 받으면서 회사 내에서도 주목을 받게 될 것이다. 그러나 어떤 펀드든 성과가 항상 좋을 수는 없다. 고난의 시기를 맞이할 때 운용 철학과 반하는 펀드는 회사의 지원을 기대하기 힘들 것이다. 리서치 인력, 실사비 등의 필수적인 지원도 성과나 운용자산 규모가 꺾이면

---

1 거시경제 전망보다 개별 주식 종목 분석에 중점을 두는 운용 방식을 일컫는다. 반대로 거시경제를 분석한 뒤 개별 종목을 보는 방식을 톱다운(Top-Down)이라 한다.

축소될 우려가 있다. 펀드매니저가 죽을힘을 다해 살려본들 본전이다. 따라서 어떤 펀드를 접한다면 해당 펀드가 큰 틀에서 운용사의 철학에 부합하는지부터 확인하는 것이 첫 번째다.

2-1. 리스크 조직

다음으로 살펴봐야 할 것은 조직이다. 요즘은 모든 회사가 인사가 만사라느니, 직원을 우선으로 한다느니 등의 감동적인 문구로 '인재제일'의 기치를 내세운다. 그런데 사실 펀드만큼 사람에 따라 좌우되는 상품도 없다. 시장이 바닥을 쳐도 수익을 내는 펀드가 있고, 시장이 아무리 좋아도 마이너스가 나는 펀드가 있는 것을 보면 결국 인재의 역량이 가장 중요하다는 걸 알 수 있다. 펀드와 그에게 자문을 주는 인력이 중요한 연유다. 하지만 한 사람의 역량에 의해 흔들리지 않도록 관리하는 것이 '조직 구성'이다. 따라서 사람도 봐야 하지만 조직도 볼 필요가 있다. 특히 리스크 부서, 리서치 부서, 투자회의기구는 핵심적인 조직이다.

먼저 리스크 부서부터 보자. 운용사 내 리스크 조직과 그 업무가 분명하지 않은 운용사는 언젠가 사고가 나게 된다. 리스크 부서장은 직급상 운용부서장과 동급이거나 그보다 위에 있어야 한다. 그래야 운용부서에 목소리를 낼 수 있다. 리스크 부서장 아래 책임자들의 나이 및 경력 또한 중요하다. 이들이 주니어들로 구성되어 있거나 경력이 운용과 무관하고, 길지 않다면 곤란하다.

리스크 부서는 부서명은 다를 수 있지만 보통 준법 감시, 내부

통제, 법규 준수를 담당하는 컴플라이언스(Compliance)팀과 운용 리스크를 유형별(시장, 신용, 유동성 등)로 관리하고 포지션 손실 한도, 위험 한도를 설정해 모니터링하는 운용 리스크팀으로 구성된다. 컴플라이언스팀은 운용역이 자본 시장법과 사내규정을 준수하면서 운용을 잘 하고 있는지 지속적으로 모니터링하는 팀이다. 예를 들어 주식형펀드의 경우, 자본 시장법에서 규정한 주식의 비중(60% 이상)을 준수하지 못하면 컴플라이언스팀에서 바로 호출하는 식이다. 호출된 펀드매니저는 즉각 비중을 상향해 규정을 준수해야 한다. 운용 리스크팀은 운용 시 편입 자산에서 나타날 수 있는 위험과 시장의 변동성에 따라 발생할 수 있는 변동성 등을 모니터링한다. 예를 들어 주식형펀드의 경우 시장 하락 대비 일정 부분 이상 펀드 성과가 하락했거나, 특정 주식이 편입된 이후 사전에 정한 한계를 넘어 하락했을 때 운용 리스크팀이 개입하게 된다. 이때 펀드매니저는 운용 리스크팀을 설득하거나 회사에서 정한 매뉴얼에 따라 관리 프로세스를 밟아야 한다.

개인적으로 기억에 남는 펀드가 하나 있다. 유니버스 중 특정 펀드가 정말 과도한 성과 하락을 보인 적이 있어 실사를 갔었는데, 뚜껑을 열어보니 편입된 주요 자산 모두 20% 이상의 하락을 보이고 있었다. 전체 종목의 절반 이상이 폭락을 견뎌내고 있는 와중에도 펀드매니저는 본인이 선택한 종목들이 언젠가 빛을 발할 것이라며 타이밍만 기다리고 있었다. 주요 종목 하나하나를 놓고 오랫동안 인터뷰를 했는데, 답변에 문제는 없었지만 펀드매니저가 얼마나 지쳐 있는지 느낄 수 있었다. 펀드매니저의 리스크 관리 능력도 문제지만 그가 선택한 종목을 보면 손실 한도와 위험 한도에 대한 관리가 전혀 이뤄지지 않았다는 걸 알 수 있었다. 혹시라도 시장이 상승하거나 수급이 좋아져 성과가 나아진다고 해도 머지않은 미래에 해당 펀드는 망가질 수밖에 없었다.

리스크 관리 조직에서 부가적으로 확인해야 할 사안은 진행 중인 소송이다. 법률팀이 따로 없다면 컴플라이언스팀 내에 변호사나 법대 출신이 소송 담당자의 역할을 맡게 되는데, 꼭 한 번은 대화를 해볼 필요가 있다. 만약 소송이 많거나 올해 걸려 있는 소송이 중요한 사안이라면 조직 내 역량이 그쪽으로 쏠릴 가능성이 높다. 소송의 내용, 금액 등 정보를 알아낼 수 있을 만큼 알아내는 것이 종합적인 판단을 하는 데 도움이 된다.

2-2. 리서치 조직

펀드매니저의 리서치 방법은 매우 다양하다. 애널리스트가 작성한 증권사 리포트를 참고하기도 하고, 직접 기업에 방문하는 탐방을 수행하기도 하며, 개인적으로 경제 및 기업 실적 데이터를 조합해 활용하기도 한다. 일부 운용역은 산업 전문가를 직접 만나는 성의도 보인다. 또한 운용사에서 내부적으로 리서치를 담당하는 애널리스트를 고용하거나, 운용역 간에 섹터를 나눠 리서치를 하며 서로 도움을 주고받는 경우도 있다.

리서치 조직의 필요성을 이야기할 때 흑묘백묘(黑猫白猫)라는 말이 떠오를 수 있다. 어떤 고양이가 쥐를 잡든 쥐만 잡으면 되는 것 아니냐는 것이다. 이렇게 "어찌되었든 수익률만 올리면 되는 것 아니냐?"라고 화두를 던질 수도 있겠지만, 합리적인 노력 없이는 긍정적인 결과도 없다. 설사 결과가 좋더라도 오래가지 않는다. 그런 의미에서 필자는 리서치가 운용의 핵심이라고 본다. 과거 업계 선배들 중에는 사석에서 속된 말로 '메사끼(일본어로 앞을 내다보는 자질)'가 중요하다고 하는 분도 있었지만, 이는 현재까지 통하는 통념이 아니다. 외국인 자금의 유입도 많아졌고, 기업들 자체도 글로벌화되거나 이를 지향하고 있기 때문에 이전과 같은 방법이 통할 수 없다. 설사 가능하다 해도 일시적일 것이다. 철저한 리서치를 통해서 시장을 분석하고 기업의 성장성과 가치를 확인한 뒤에 투자를 진행하는 것이 펀드매니저가 할 일이다.

그렇기 때문에 운용사 내에 리서치 조직이 있다면 도움이 많이 된다. 리서치 조직이 없다고 해서 큰 감점요인이 되는 것은 아니지만, 있으면 분명 도움이 된다. 리서치 조직이 없다면 펀드매니저가 서로 협업을 하는 것도 대안이 될 수 있다. 하지만 조직적인 리서치 활동이 없거나 업무에 리서치라는 단어의 존재감이 미약하다면 높은 점수를 주기 어렵다.

그래서 필자는 운용사 실사를 할 때 꼭 리서치 조직의 유무와 규모, 펀드매니저 간의 소통 방식 등을 알아본다. 만약 관련 조직이 존재한다면 가점을 준다. 회사 차원에서 리서치의 중요성을 알고 투자를 한다는 뜻이기 때문에 좋은 운용사의 조건에 부합하기 때

리서치 조직의 유무가 좋은 운용사를 판가름하는 기준이 된다.

문이다. 리서치 조직을 볼 때는 몇 명으로 구성되어 있는지, 구성원들의 전공과 역량은 어떤지, 어떤 분야로 구성되어 있는지 등을 확인한다. 만약 업무가 애매하게 나누어져 있거나 분야별로 존재해야 할 직책이 여러 팀에 구분 없이 섞여 있다면 그건 분명 실사에 대비한 '보여주기 식'일 가능성이 높다. 리서치팀이 없더라도 펀드매니저가 리서치 프로세스를 확실히 보유하고 있다면 이렇게 보여주기 식의 땜질은 하지 않는다. 오히려 펀드매니저가 본인의 역량을 자랑하기 바쁘다. 어찌되었든 리서치 조직은 클수록 좋다. 성과가 눈에 보이지 않는다고 그들이 놀고 있는 것은 아니다. 리서치팀의 직원들은 놀면서도 시장 이야기를 할 사람들이니 걱정할 필요가 없다.

추가로 리서치 애널리스트들의 성과를 어떻게 보상하는지도 확인해보면 좋다. 인하우스 애널리스트[2] 혹은 섹터 담당자가 열심히 공부해서 좋은 주식을 발굴했으면 응당 그에 대한 보상이 있어야 한다. 그런데 그 공을 펀드매니저가 고스란히 가져가버린다면 애널리스트들의 사기가 좋을 리 없다. 어떻게 하면 펀드매니저가 될 수 있고, 운용팀에 갈 수 있을지 고민만 하게 된다. 따라서 애널리스트에 대한 합리적인 보상이 수반되어야 한다. 리서치가 탄탄한 조직은 펀드매니저가 슬럼프에 빠지더라도 잘 서포트할 수 있다.

2-3. 열린 문화

펀드매니저가 펀드 운용과 관련된 결정을 모두 혼자서 내릴 수 있는 전권을 쥐고 있는 것처럼 기술했지만, 사실 생각보다 그들은 회의를 통해 많은 결정을 내린다. 최종 결정은 펀드매니저가 내리지만 합리적인 결정을 위한 여러 가지 회의체가 존재한다고 보면 이해가 쉬울 것이다.

우선 일일회의가 있다. 보통은 매우 이른 오전 시간에 책임 운용역들끼리 진행한다(필자는 오전 7시 30분 이전에 하는 편이다). 펀드매니저들은 보통 아침에 일찍 출근한다. 장 시작 전에 중요 사안들을 검토해야 하고, 전일 밤에 돌아간 해외 시장의 분위기도 봐야 하기 때문이다. 오전 9시에 코스피 시장이 시작하는 걸 감안하면 장 전

---

2 보통 애널리스트는 증권사 리서치 부서에서 근무한다. 하지만 인하우스 애널리스트는 자산운용사에서 펀드매니저의 리서치 업무를 조력한다.

에 고민할 시간이 그리 많지 않다. 그리고 주간회의가 있다. 각 펀드별 성과 점검 및 주요 시장 사안에 대해 협의하는 자리다. 종목별 리스크 확인사항도 주간회의에서 심도 깊게 다뤄지는 경우가 많다. 또한 리서치회의가 있다. 주목해야 할 기업이나 자산배분 관련 등의 리서치 관련 사안을 다루며 주간 또는 격주로 이뤄지는 경우가 많다. 마지막으로 기술적 자산배분을 위한 월간회의 또는 분기회의가 있는데, 이는 펀드와 펀드매니저마다 달리 운영한다.

회의가 많다고 꼭 운용 성과가 좋은 것은 아니지만 개인적으로 일일회의는 꼭 필요하다고 본다. 만약 일일운용회의를 하지 않는 펀드매니저의 펀드에 가입되어 있다면 꼭 환매를 하라는 말을 해주고 싶을 정도다. 펀드매니저가 시장과 거리를 두는 순간 분석력과 통찰력은 후퇴하게 된다. 이를 두고 감이 떨어졌다는 표현을 쓰기도 한다. 개인적으로 3일 이상 휴가를 쓰는 펀드매니저는 자질이 없다고 생각하는 것과 같은 맥락이다.

운용회의의 성격을 파악할 때 눈여겨봐야 할 점은 운용회의의 주체다. 일일운용회의는 팀별로 또는 본부별로 이루어져야 한다. 즉 자유롭게 의견을 주고받을 수 있어야 한다는 뜻이다. 할 말 못할 말 다할 수 있는 분위기가 조성되어야 마음껏 의견을 피력할 수 있으며, 의견 개진에 제한이 없어야 한다. 기업인 레이 달리오는 자신의 저서 『원칙』을 통해 자기 폐쇄성을 경계하고 반대 생각을 말하는 신뢰할 수 있는 사람들과 생각을 비교하라고 이야기하며 조직의 자유로움, 개방성을 강조했다.

일일회의와 달리 주간회의는 CIO(최고운용책임자)를 주체로 이루어져야 한다. 만약 해당 회의에 매번 CEO 급이 참석한다면 본래의 목적에서 벗어날 소지가 있다. 운용되는 펀드별 성과 리뷰와 시장 이슈에 대한 의견이 오고가는 상황에서 판매 증진에 대한 유혹이나 고객의 니즈와 관련된 이야기가 언급되어서는 안 된다. 펀드매니저도 사람이기 때문에 귀가 솔깃해질 수 있고 투자 결정에 영향을 주기 십상이다. 투자는 순수하게 투자의 관점에서 이루어져야 한다. 탐욕과 이해관계가 투자 프로세스에 접근하는 것은 경계해야 할 부분이다.

3. 펀드매니저 출신 CEO의 유무

"팔은 안으로 굽는다."라는 말이 있다. 명언이 아닐 수 없다. 업계 사정을 잘 알거나 같은 길을 걸어온 사람이 상사면 좋은 점이 많다. 본인이 실무자였을 때 아쉬웠던 점을 기억하고 후배들이 어려움을 겪지 않도록 능력을 발휘하려는 마음이 기본적으로 깔려 있기 때문이다. 그래서 대부분의 펀드매니저들은 펀드매니저 출신 CEO를 좋아한다. 한 시대를 풍미했던 스토리를 들으면 자신의 미래도 저 CEO처럼 성공가도를 달릴 수 있지 않을까 싶기도 하고, 시장이 애매할 때 선뜻 건네주는 조언은 결정적인 판단의 열쇠가 되기도 한다.

그런데 꼭 좋은 점만 있는 것은 아니다. 조언이 훈수가 되고 훈수가 지시가 되는 상황이 생긴다. 지시로 받아들이게 되면 오해를 빚어내고, 이는 시간이 갈수록 대화의 단절을 유발해 결국 펀드매니저의 이직으로 이어진다. 펀드 운용은 담당 펀드매니저가 자신의 '목'을 내놓고 하는 업이다. 최선을 다할 수밖에 없고 투자자들도 펀드매니저의 이름을 보고 투자하는 경우가 많다. 하지만 이를 무시하고 지시가 개입되면 펀드매니저는 거부감을 갖게 된다. 그들도 사람이고 CEO 또한 사람이다. 좋은 마음이었든 나쁜 마음이었든 조언은 조언일 뿐이다. 펀드매니저가 받아들이지 않으면 무효다. 물론 공식적인 회의체나 협의를 통해 가이드라인으로 제공된다면 수용할 수밖에 없다.

그래서 필자는 해외 운용사나 국내 운용사를 가리지 않고 실사 전에는 CEO의 인터뷰를 찾아본다. CEO가 유난히 매스컴에서 종목을 자주 언급하고, 인터뷰에서 선호하는 기업의 색을 많이 드러낸다면 일단 경계한다. 언론을 통해 흘릴 정도면 사내에서 얼마나 펀드매니저들의 귀에 못이 박히게 말할지 짐작이 가기 때문이다. 연륜과 경험이 물론 유효할 때도 있지만 CEO도 실수를 할 때가 있다. 투자자들이 CEO가 저지른 실수의 책임을 펀드매니저에게 묻는 게 맞을까? 우스갯소리로 "사장님 나빠요."라는 말이 나올 법한 운용사는 경계하자.

4-1. 펀드매니저의 독립성

운용 조직과 펀드매니저의 독립성은 굉장히 중요하다. 펀드매니저는 신의성실의 원칙에 입각해 외부 환경에 영향을 받으면 안 된다.

오직 펀드에 가입된 고객의 자산을 불리기 위해 최선을 다하는 것이 옳다. 물론 펀드매니저가 최선을 다할 수 있도록 회의체를 통해 도움을 주고, 때로는 모니터링을 해야 하지만 어느 정도 선은 지켜야 한다. 펀드매니저는 독립적으로 움직일 수 있어야 한다는 게 필자의 생각이다. 따라서 펀드매니저의 독립성을 확인하는 것은 운용사가 펀드를 충실히 운용할 수 있는 환경을 만들어주었는지에 대한 여부를 확인하는 것과 같다.

얼마 전 한 시사 고발 프로그램에서 일부 정형외과 의사들이 수술을 의료장비 업체 직원에게 맡긴다는 보도가 있었다. 의사의 참관도 없이 어디서 보지도 못한 사람이 자신의 몸에 알지도 못하는 장비를 설치한다고 생각하면 분개할 수밖에 없다. 그런데 펀드 운용에도 이런 일이 있다. 요즘은 흔하지 않은데 과거에는 투자설명서에 쓰인 펀드매니저가 실제 운용매니저와 다른 경우가 많았다. 본부장이나 CIO가 본인 이름으로 수십 개의 펀드를 걸어놓고 아래 직원들이 운용을 떠맡아 하면서도 대우를 못 받는 경우가 있었다. 실제 펀드매니저는 억울하기 짝이 없는 상황이다. 운용이 잘 되어 수익이 나와도 억울하고, 수익률이 잘 안 나와도 제대로 된 해명을 할 수 없어 억울하다. 갑질 중에도 이런 갑질이 없다. 사실 이런 극단적인 경우에는 독립성을 논하는 것조차 어렵다. 만약 실사 중에 이런 사항이 밝혀지면 그런 운용사는 뒤도 보지 않고 손을 떼는 게 맞다.

첫 운용에 대한 진입장벽이 높아 선임이 신입에게 쉽게 허락하지 않는 문화 때문에 생기는 일인데, 지금도 중소형 운용사에서는 이런 경우가 왕왕 있다. 대리수술과 비교할 정도는 아니지만 운용업계에 몸담고 있는 사람으로서 이는 분명 없어져야 할 적폐 중 하나라고 생각한다. 따라서 반드시 운용사를 볼 때는 펀드매니저 한 사람이 여러 가지 펀드에 유난히 이름이 많이 걸려 있지 않은지 확인해야 한다. 이는 운용사 홈페이지만 들어가도 쉽게 확인할 수 있으니 펀드에 가입하기 전에 꼭 체크해보기 바란다.

4-2. 펀드매니저들의 학연

펀드매니저들이 모두 그런 것은 아니지만 대부분은 학벌이 매우 좋다. 학교에 다닐 때 공부를 잘한 친구들이 남의 돈을 굴리고 있는 것인데, 물론 공부를 잘한다고 해서 돈을 잘 굴린다는 보장은 없다. 가끔 공부를 잘해야 돈을 많이 벌 수 있다고 생각하는 사람들이 있는데 필자가 볼 때는 전혀 그렇지 않다. 대학을 나오지 않았어도 운용을 잘하기로 소문난 분도 있고, 실제로 교육과정에서 '국영수'보다 재무 영역을 우선시하지 않는 이상 학벌과 운용 실력이 비례하다는 건 그저 피상적인 추론일 뿐이다. 특히 자산관리는 더더욱 실전의 경험과 노력이 중요한 영역이기 때문에 꿈나무들이 학벌 때문에 꿈을 포기하지 않길 바란다.

영화 〈친구〉에서 "네 아버지 뭐하시노?"라는 대사가 유명해지면서 스펙과 관련된 질문을 할 때면 농담처럼 나오는 말이 되어버렸다. 펀드매니저 역시 비슷한 질문을 해볼 필요가 있다. 직접 가서 아버지의 직업을 물어보라는 뜻이 아니라 그들의 스펙을 확인할 필요가 있다는 뜻이다. 좋은 학교를 나왔는지 체크해보라는 게 아니다. 펀드매니저와 그의 상사, 팀원들 중 같은 학교 출신이 얼마나 있는지 확인하라는 뜻이다. 운용사 사이트에 들어가면 운용 펀드의 투자설명서가 일괄적으로 저장되어 있어 펀드매니저의 경력과 학력을 쉽게 알 수 있다.

만일 해당 펀드의 펀드매니저와 상사, 그리고 팀원 대부분이 한 학교 출신이라면 어떤 일이 벌어질까? 회사에서야 직속 선후배 관계라는 티를 내지 않겠지만 사석에서는 그렇지 않을 것이다. 앞서 펀드매니저들이 학벌이 좋은 경우가 많다고 언급했던 이유는 그만큼 상위 몇 개 대학 출신이 많기 때문이다. 제도권 운용사만 고려하면 종사자가 1천 명도 채 안 되는 업종인 만큼 풀이 굉장히 좁다. 또한 이직이 잦은 운용업계의 특성을 감안할 때 이전 직장이 겹친다면 어떨까? 서로 끌어주고 밀어주는 *끈끈한* 관계가 될 수 있다. 필자가 우려하는 것은 사적으로 친한 사이일수록 아쉬운 말을 하기 힘들다는 것이다. 같은 학교 출신이 많은 운용사라면 펀드매니저 개개인이 펀드에 대한 책임을 다할 수 있을 만큼 독립적인 분위기가 유지될지 의문을 가져봐야 한다.

4-3. 마케터

대표 펀드는 운용사의 밥줄이다. 대표 펀드가 조 원 단위 규모에 달하고 성과도 꾸준하다면 해당 펀드매니저의 독립성과 위상은 커질 수밖에 없다. 1조 원 규모의 주식형펀드가 버는 돈은 운용보수 0.7%만 고려해도 연간 70억 원이다. 감히 누가 그를 함부로 건드리겠는가? 공식 회의체를 통한 차원에서만 접근할 뿐 펀드매니저의 독립성을 해칠 만큼 리스크를 관리할 수도, 인사권을 남발할 수도 없다. 그만큼 펀드매니저에게는 운용 펀드의 규모와 위상이 매우 중요하다.

이러한 대표 펀드는 혼자만의 힘으로 절대 탄생하지 못한다. 로드매니저가 스타를 키워내듯이 운용사도 마케터가 로드매니저의 역할을 한다. 그래서 보통 대표 펀드를 키워낸 마케터는 업계의 거물이다. 이 거물들 중에는 정말 인격적으로도, 그리고 학식 면에서도 존경할 만한 분들이 많다. 하지만 뜻밖의 행운으로 자리에 오른 인물도 있다. 그들은 종종 본인이 관리하는 판매사와 기관의 인맥들을 통해 펀드매니저를 압박하는 경우가 있는데, 그 과정에서 운용에도 훈수를 둘 때가 있다.

이러한 문제점을 발견하기 위해서는 마케터가 펀드매니저를 어떻게 대하는지 볼 필요가 있다. 운용사에서 두 사람을 한꺼번에 인터뷰해 실사하는 것이 가장 좋은 방법인데, 일반 투자자는 실사가 불가능하므로 다소 이례적이긴 하지만 운용사의 마케터와 통화하는 방법을 권한다. 펀드매니저가 지금 어떻게 운용을 하고 있는지, 펀드의 상황이 어떤지 통화를 하다 보면 마케터가 펀드매니저를 어떻게 생각하는지 느낄 수 있다.

5. 근무 기간

과거에는 실사에서 "인센티브 잘 나옵니까?", "월급에 만족하세요?" 라는 질문을 주로 했다면 요즘은 "이직한 지 얼마나 되셨어요?"라는 질문을 한다. 초보처럼 보인다고 질타하는 동료도 있지만 필자는 펀드매니저에게 꼭 해야 하는 질문이라고 생각한다. 왜냐하면 대답하는 펀드매니저의 표정을 통해 그가 회사(운용사)를 얼마나 좋아하는지 알 수 있기 때문이다.

금융투자협회에 따르면 2017년 기준으로 펀드매니저들의 평균 근무 기간은 6년이라고 한다. 약 10년 전인 2008년에 불과 2년 11개월이었던 점을 떠올리면 대폭 상향된 수치다. 하지만 필자의 경험으로 비춰볼 때 6년이라는 건 임원들, 대표 운용역 몇몇이 자리를 오래 보존해주고 있어 나타난 통계라고 본다. 실제로는 3~4년

▶ **펀드매니저 평균 근무 기간 추이**(매년 12월 초 기준)

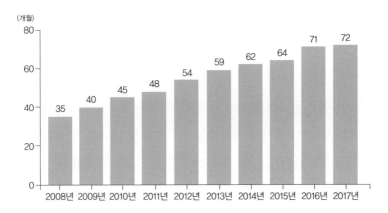

자료: 금융투자협회

정도로 보는 것이 맞을 것이다. 그래도 다행히 해가 갈수록 펀드매니저들의 평균 근무 기간이 늘어나고 있는 것은 좋은 현상이다. 투자자의 입장에서는 반가운 소식이 아닐 수 없다.

이직이 잦은 회사를 경계하는 이유는 모든 회사가 그렇듯 이직을 한 경력사원이 실력을 발휘하기까지 다소 시간이 소요되기 때문이다. 적응하기까지 적지 않은 시간이 필요하다. 막내 직원에게 사소한 일을 부탁할 수도 없고, 회사 내 규정에 익숙하지 않은 까닭에 업무 프로세스에 적응할 때도 어려움을 겪는다. 누군가 마음을 내어 도와주면 좋겠지만 그런 경우는 많지 않다. 운용업계도 일반 회사와 마찬가지다. 스카우트를 받아 이직했다면 낫겠지만 자의로 이직했다면 펀드매니저가 처음부터 본인의 역량을 100% 펼치기에는 역부족이다. 무언가 결정을 내릴 때 고집을 피우기도 어렵고, 운용회의에서 자기편도 없을 것이다. 그러니 본연의 실력을 온전히 펼치기가 어렵다.

운용본부장이 새로 부임해 인원 교체가 있다고 반론하는 경우도 있으나, 필자는 그러면 왜 이전 운용본부장이 이직 혹은 해임을 했는지 따져봐야 한다고 생각한다. 이유가 무엇이든 펀드매니저의 잦은 이직은 우려를 키울 수밖에 없다. 물론 새로운 직장에서 새로운 펀드를 맡아 힘차게 출발했을 수도 있지만, 필자의 경험상 유관 부서들과의 원만한 관계 정립과 임원의 눈에 들기 위해서는 '소신 있는 운용'보다는 '자리 잡기'에 매진해야 한다.

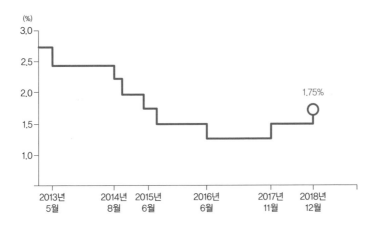

▶ 한국은행 기준금리 추이(2019년 1월 기준)

(%)

1.75%

2013년
5월

2014년
8월

2015년
6월

2016년
6월

2017년
11월

2018년
12월

자료: 한국은행

　과거 필자가 다녔던 회사의 벽에 걸려 있던 플래카드 문구가 떠오른다. "보이지 않는 고객을 위해 최선을 다하고 있는가?" 필자는 이 문구가 참 좋았다. 그리고 지금도 어떤 벽에 막힐 때면 그 문구를 되뇌어본다. 펀드매니저가 운용하고 있는 자산은 고객이 커피 마실 돈을 아끼고 곗돈을 모아가며 맡긴 돈이다. 저금리 시대에 조금이라도 더 살림에 보탬이 되고자 투자한 자금이다. 직접 투자자와 상담을 하지 않는 펀드매니저들은 이러한 상황을 알 리 없다. 필자의 경우에는 판매사에서도 일한 경험이 있어 이런 상황을 굉장히 잘 안다. 물가상승률보다 낮은 초저금리에 내몰려 펀드에 유입된 돈을 함부로 대할 수 있겠는가? 드라마 〈응답하라 1988〉에서 언급된 22% 금리는 꿈도 꿀 수 없는 시대이기에 펀드에 투자자금이 유입되는 것이다. 흘러들어오는 자금의 귀중함을 깨달으면 다시금 신의성실의 원칙의 무게감을 느낄 수 있을 것이다.

훌륭한 철학을 바탕으로 펀드매니저가 신의성실의 원칙을 다해 독립적으로 펀드를 운용할 수 있게 해주는 운용사는 분명 있다. 많지는 않지만 그래도 조금만 노력하면 찾을 수 있다. 좋은 운용사가 좋은 펀드를 만든다. 그래서 좋은 펀드를 고르는 선구안의 첫 번째 단계는 좋은 운용사를 찾는 것이다. 그럼 이제 좋은 펀드매니저를 찾는 방법에 대해 알아보자.

펀드에도 선구안이
필요하다

펀드를 고르는 데도 선구안이 있다. 능력만 있는 펀드매니저가 아니라 도덕성까지 겸비한 펀드매니저를 찾아야 한다.

선구안(Batting Eye)은 야구에서 쓰는 용어다. 투수가 던지는 공의 구질을 잘 보고 맞춰 치는 타자를 두고 흔히 선구안이 좋다고 말한다. 필자는 자금 운용, 특히 펀드를 고르는 데도 선구안이 필요하다고 생각한다. 야구에서 투자의 영역으로 넘어오면서 '배팅(Batting)'이 '베팅(Betting)'으로 바뀔 따름이다. 앞서 운용사의 분위기, 조직 체계, 시스템이 얼마나 중요한지 언급했다. 이제 "운용사가 뭐가 중요한데요? 거기서 거기 아닌가요?", "운용자금이 많은 대형 운용사만 믿으면 되는 거 아닌가요?"라는 식의 의문을 가지면 안 된다. 운용 조직과 펀드매니저의 독립성을 우선시하고, 지속적인 수익률

관리를 위해 필요한 인프라를 충분히 제공하는 건 모두 운용사의 몫이기 때문이다.

좋은 펀드매니저가
좋은 펀드를 만든다

'능력 있는 펀드매니저'가 아니라 '좋은 펀드매니저'라고 표현한 이유는 능력이 전부가 아니기 때문이다. 펀드매니저는 똑똑하기만 해서는 안 된다. 신의성실의 원칙을 지킬 수 있는 도덕성까지 겸비해야 한다. 극단적이지만 돈만 중시하다가는 사고를 치기 마련이다. 버나드 매도프라는 사람이 있다. 그는 나스닥 증권거래소 회장 출신의 유명 금융인으로 본인의 이름을 걸고 펀드를 운용했다. 20년 가까이 우수하고 꾸준하게 좋은 수익률을 냈기에 많은 이들이 믿고 투자자금을 내밀었는데, 결국 그의 펀드가 폰지 사기(Ponzi Scheme)[3]로 밝혀졌다.

2008년에 꼬리가 밟힌 매도프는 체포되었고 종신형을 선고받았다. 피해 규모는 650억 달러, 우리 돈으로 70조 원이 넘는 어마어

---

3 폰지 사기란 투자자에게서 모은 돈의 일부를 기존 투자자에게 수익금으로 내주는 다단계 금융 사기를 일컫는다.

마한 금액이다. 글로벌 운용사와 은행도 사기로 큰 피해를 입었다. 매도프의 사례를 보면 그는 분명 능력 있고 똑똑한 금융인이었다. 화려한 스펙과 커리어로 무장했기에 지식적인 면이나 사회적인 면에서 많은 이들이 존경했을 것이다. 하지만 매도프는 우리가 말하는 좋은 펀드매니저는 아니었다.

필자는 능력 있고 똑똑한 펀드매니저가 아니라 좋은 펀드매니저를 선별하는 것이 이 업계에 종사하는 이들의 임무이고, 그런 역량을 키우는 것이 고객 자산을 관리하는 사람으로서 갖춰야 할 덕목이라 믿는다. 그렇다면 좋은 펀드매니저를 선별하는 원칙은 무엇이 있을까? 보통 좋은 펀드매니저를 선별하는 일을 펀드의 성과가 얼마나 우수한지 확인하는 일로 착각하고는 한다. 펀드매니저의 운명이 수익률에 따라 좌지우지되기 때문에 우수한 성과가 첫 번째 덕목임에는 반대하지 않는다. 다만 필자는 '꾸준함'이라는 단서를 덧붙이고 싶다. "왜 내가 투자하고 나서부터 펀드 성과가 나쁩니까?"라고 항의하는 전화가 많이 오는 펀드매니저는 꾸준함보다 탁월한 성과라는 목표에 집착했기 때문인 경우가 많다.

꾸준함과 탁월한 성과라는 결과를 동시에 도출하기 위해서는 운용 프로세스부터 체계적이어야 한다. 투자라는 게 무언가 결과가 나온 뒤에 대응하면 이미 늦은 것이다. 결과는 그 누구도 알 수 없기 때문에 철저한 운용 프로세스로 이를 사전에 방지하거나 최소화할 수밖에 없다. 따라서 펀드에 대한 선구안은 '성과의 결과를 예상하는 눈'이 아니라 합리적이고 체계적인 운용 프로세스를 거치고 있는지 확인하는 '운용 과정을 선별하는 눈'이다.

과정 평가를 위한 안목은 펀드매니저에 대한 정량적 평가와 정성적 평가에 의해 결정된다. 우선 정량적 평가 항목으로는 '운용 전략의 일관성', '일일 수익률 변동성', '리스크 관리 능력' 3가지가 있으며, 정성적 평가 항목으로는 '운용 전략 수립 프로세스', '펀드매니저의 소통 능력', '펀드매니저 평판 검토 및 기타사항' 3가지가 있다. 정량적인 항목들이 우수하다면 과거의 좋은 성과가 운이 아닌 실력이라는 걸 알 수 있다. 만약 일시적으로 성과가 좋지 않더라도 곧 회복할 가능성이 높다. 다만 정량적 평가만으로는 펀드의 수익률과 향후 지속성에 대해서 확신을 할 수 없다. 펀드매니저의 성향과 수익률 회복력에 대한 부분은 정성적인 영역이므로 투자에 대한 판단은 정량적·정성적 평가에 대한 결과가 나온 뒤에 내려야 한다.

펀드매니저에 대한 정량적 평가

1. 운용 전략의 일관성

운용 전략이 일관성 있는지 알기 위해서는 우선 펀드매니저가 해당 펀드를 얼마나 오랫동안 운용했는지부터 살펴봐야 한다. 장기 운용 펀드라고 해서 모두 좋은 펀드는 아니지만, 꾸준히 운용된 펀드의 장점은 검증이 가능할 만큼 데이터가 축적되었다는 점이다. 히스토리가 길면 길수록 좋다. 현실적으로 최소 3년은 되어야 한다고 생각하며, 만약 과거 1~2년 수준의 기록만 있다면 분석하기 다소 어렵다. 보통 펀드매니저는 운용 목표와 전략이 분명하기 때문에 초과수익을 만드는 일관된 방법을 유지한다. 하지만 외부 변수가 문제다. 예측 가능한 수준이라면 문제없지만 그렇지 않은 상황에서도 일관된 전략을 유지했는지가 중요하다. 꼭 그런 것만은 아니지만 경험상 3년 정도 되면 글로벌 시장의 이벤트, 기업 실적의 등락 등 여러 변수가 발생하기 때문에 일관된 전략을 구사했는지 알아볼 수 있다.

3년 이상의 성과를 보유한 펀드 또는 3년 이상 유지된 운용 전략 데이터에는 월별, 분기별 포트폴리오 구성이 포함된다. 일반적으로 공개되는 비중 상위 10개 종목은 2개월 전 자료인데 이를 자세히 살펴보면 종목의 비중이 변하기도 하고 신규 종목이 추가되기도 한다. 만약 성장주 전략을 쓰는 펀드매니저가 방어주 섹터나 가치평가가 저렴한 주식, 분석 시점에서 소외된 섹터의 비중을 늘렸다면 의심해봐야 한다. 미래 성장성에 대한 언급 없이 그저 싸서 샀다는 뉘앙스의 코멘트가 발견되면 그 펀드매니저는 본인의 알파 전략에 대한 확신이 없는 상태에서 운용을 한 것이다. 또 투자설명서에 장기 운용을 하겠다고 되어 있는데 상위 종목 10개의 비중 변화가 일정 시점에서 빈번하거나 아니면 신규로 추가되었던 종목이

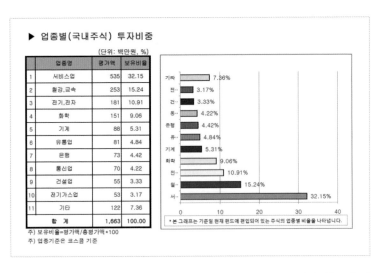

▶ 업종별(국내주식) 투자비중

(단위: 백만원, %)

	업종명	평가액	보유비율
1	서비스업	535	32.15
2	철강,금속	253	15.24
3	전기,전자	181	10.91
4	화학	151	9.06
5	기계	88	5.31
6	유통업	81	4.84
7	은행	73	4.42
8	통신업	70	4.22
9	건설업	55	3.33
10	전기가스업	53	3.17
11	기타	122	7.36
	합 계	1,663	100.00

주) 보유비율=평가액/총평가액*100
주) 업종기준은 코스콤 기준

펀드 운용보고서 예시. 운용보고서를 통해 운용 계획, 경과, 수익률 현황, 자산 현황 등을 체크할 수 있다.

3개월도 되지 않아 변화가 있다면 문제가 있었다고 보는 것이 옳다. 펀드매니저도 사람이기 때문에 실수를 할 수 있지만 상위 10개 종목이 영향을 받을 정도의 실수는 변명의 여지가 없다.

만약 이 글을 읽는 독자가 종목에 익숙하지 않고, 개별 기업에 대한 지식이 충분하지 않으면 앞서 심도 있게 다뤘던 스타일 전략을 활용해 분석해보기 바란다. 하지만 이는 글로벌 펀드를 분석할 때는 용이하지만 국내 펀드는 세분화해 보기가 쉽지 않다. 시장의 규모가 작을 뿐만 아니라 수출의 영향력이 크기 때문이다. 특히 반도체로 인한 IT 섹터의 매력도가 유난히 높기 때문에 수급의 편중이 심하다. 하지만 가치주 전략과 성장주 전략, 고배당 전략 정도는 헤아려볼 만하다(3개 전략 이외에는 과감히 포기하자). 따라서 코스피, 해당 전략 추종 ETF, 수익률을 비교해보면서 어느 시점에 해당 펀드가 문제가 있었는지 알아보면 된다.

2. 일일 수익률 변동성

최근 한 달 동안 5% 상승한 펀드가 있다고 가정해보자. 단 며칠 만에 5% 상승을 기록한 펀드가 있고, 한 달 동안 무려 보름 이상 상승해 5%를 달성한 펀드가 있다. 과연 어떤 펀드가 좋은 펀드일까? 첫 번째 펀드는 기존 보유자에게 짜릿한 쾌감을 줄 수도 있지만 신규 가입자는 수익을 낼 기회를 놓칠 가능성이 있다. 주식 시장이 상승하는 것을 확인하고 펀드에 가입해도 가입이 완료(기준가 적용)되기까지 며칠이 소요되기 때문이다. 그래서 펀드로 매수 타이밍을 맞추기가 대단히 어렵다. 또 단기간에 상승했다면 중간에 하락 구간도 분명 있었을 텐데 그때마다 가슴이 철렁 내려앉는 기분이 들었을 것이다. 반면 보름 이상 상승한 펀드는 상승의 폭이 적고 속도가 느려 답답한 느낌을 줄 수 있지만 반대로 큰 위기도 없었을 것이다. 첫 번째 사례가 변동성이 높은 펀드이고, 두 번째 사례가 변동성이 낮은 펀드다.

대표적인 고변동성 펀드인 성장주펀드와 상대적으로 변동성이 적은 가치주펀드의 수익률을 비교해보았다(2016년 10월 4일 100pt 기준으로 비교). 이를 통해 변동성이 가진 의미를 알 수 있다. 변동성을 보는 지표로 흔히들 일일 수익률의 표준편차를 활용한다. 즉 일일

▶ 고변동성 펀드 vs. 저변동성 펀드

(pt)

— 가치주펀드(저변동성)
— 성장주펀드(고변동성)

자료: 블룸버그

수익률이 평균 수익률과 얼마나 떨어져 있는지 산포도를 보는 것인데, 평균에서 떨어져 있는 날이 많고 떨어진 폭이 클수록 변동성이 크다. '하이 리스크 하이 리턴'이라고 반문할 수도 있겠으나 그건 오해다. 펀드의 경우 기준가를 올릴 수 있는 알파 소스가 많다면 굳이 합리적인 비중 이상으로 하나의 종목에 비이성적인 투자를 하지 않는다.

어느 운용사건 그렇게 비이성적인 투자가 발생하면 운용 리스크팀에서 가만히 두고 보지 않을 것이다. 그럼에도 불구하고 변동성이 커졌다면 펀드매니저가 알파 소스를 많이 못 찾았거나, 아니면 투자심리가 흐트러져 나온 결과다. 물론 비중 상위 일부 종목의 상승폭이 커져 의도와 달리 변동성이 나타나기도 하지만 이런 경우 역시 펀드매니저의 실수일 가능성이 높다. 얼핏 생각해봐도 투자자가 같은 한 달을 투자했는데 하루 이틀 차이로 수익률이 크게 벌어진다면 좋은 펀드라고 말하기 어려울 것이다. 변동성 지표, 특히 일일 수익률의 표준편차는 낮으면 낮을수록 좋다. 이런 지표는 보통 운용보고서에 나와 있으니 경쟁 펀드와 꼭 비교하도록 하자.

3. 리스크 관리 능력

사실 일일 수익률의 표준편차도 리스크 관리 지표 중 하나다. 다만 일일 수익률의 변동성은 별도의 주제로 떼어놓을 만큼 중요하기 때문에 구분해놓았다. 펀드매니저의 리스크 관리 능력을 살펴볼 수 있는 요소로는 우선 월별 상승현황이 있다. 보통 운용보고서에는 월별 상승현황 항목이 나와 있지 않기 때문에 손품이 좀 필요하다. 펀드평가사 홈페이지에서 무료로 회원가입을 하고 검토 대상 펀드의 기준가를 다운로드하자. 그리고 매월 말 영업일 기준가를 활용해 월별 수익률을 산출하면 된다.

▶ 유명 가치주펀드의 2017년 월별 수익률

2017년 1월	2017년 2월	2017년 3월	2017년 4월	2017년 5월	2017년 6월
0.25%	1.88%	2.63%	1.34%	8.14%	1.99%
2017년 7월	2017년 8월	2017년 9월	2017년 10월	2017년 11월	2017년 12월
0.04%	0.43%	1.91%	3.67%	0.40%	1.69%

▶ 유명 가치주펀드의 일별 기준가

영업일	1일	2일	3일	4일	5일	6일	7일	8일	9일	10일
기준가	3.23275	3.26215	3.26694	3.21755	3.24891	3.24415	3.23857	3.21480	3.21065	3.17116

　예시로 가져온 한 유명 가치주펀드의 월별 수익률을 정리한 표를 보자. 해당 펀드의 성과를 보면 거의 대부분 꾸준히 수익을 거두었다. 결국 월별 상승 유무와 상승현황은 투자 기간을 고려했을 때 실제 투자 수익률을 산출할 수 있는 데이터가 되므로, 꾸준함을 가장 잘 보여줄 수 있는 지표라 할 수 있다.

　다음으로 살펴봐야 할 것은 최대 하락폭(Max Drawdown)이다. 기준가를 산출하게 되면 월별 최고 기준가와 월별 최하 기준가를 찾아볼 수 있다. 유명 가치주펀드의 기준가를 일별로 정리했다. 도표에서는 영업일이 10일 차까지만 정리되어 있지만 한 달 전체로 봤을 때 영업일 3일 차에 최고 기준가를, 영업일 10일 차에 최하 기준가를 기록했다고 가정해보자. 최고 기준가에서 최하 기준가를 뺀 뒤, 최고 기준가로 나누면 최대 하락폭이 나온다. 즉 최대 하락폭을 구하는 공식은 '(최하 기준가-최고 기준가)/최고 기준가'다.

　최고 기준가: 3.26694

　최하 기준가: 3.17116

　최대 하락폭: -2.93%

최대 하락폭이 3%에 육박하는 수준이었음을 알 수 있다(사실 3% 면 좋은 편에 속한다). 최대 하락폭, 즉 MDD는 시장의 변동성을 반영 하기도 하지만 펀드매니저의 수익률 관리 지표로도 해석할 수 있 다. 펀드 기준가를 활용해 월별 수익률과 MDD를 산출하고, 장기 간 비교할 경우 관리 상황의 검토가 가능하다. 겉으로만 보이는 수 익률로 좋은 펀드라 착각하지 말고 실제 일일 관리가 어느 정도로 세심하게 이루어지는지 살펴보기 바란다.

펀드매니저에 대한 정성적 평가

만약 정량적 평가에서 고개를 끄덕일 수 있는 좋은 결과가 나왔다 면 이제 정성적인 측면에서 살펴보는 과정이 필요하다. 펀드매니 저가 운용사의 철학을 준수하면서 본인의 철학을 어떻게 고수하고 있는지 검토하는 프로세스를 거쳐야 한다. 사실 지금부터의 내용 은 일반 투자자가 접근하기 어려운 부분이다. 작금의 투자 시장을 감안할 때 펀드매니저의 운용 전략과 인생관까지 알아보는 과정은 은행, 증권사 본사 직원, 연기금 투자 담당자들도 제한적으로 수행 할 수 있는 영역이다. 그럼에도 불구하고 필자가 이러한 이야기를 기술하는 이유는 전문 투자자들의 업무 역량 제고에 대한 바람도 있지만, 앞으로는 운용 영역이 다양화되고 그 문턱도 낮아지기를 바라는 마음에서다. 또한 일반 투자자들도 펀드매니저들을 만나보고 평가할 기회가 많아질 것이라는 확신이 있기 때문이다.

투자 자문에 대한 보상이 무상 서비스 정도로 인식되는 국내 현실을 비춰볼 때, IFA[4]의 활성화 등 투자 자문 전반에 대한 활성화를 기대하는 것은 힘들겠지만 머지않아 펀드매니저들을 공개적으로 평가할 수 있는 분위기가 조성될 것이라 믿는다. 그때를 대비하는 과정이라고 생각하자. 한국에서 IFA가 활성화되면 영국처럼 펀드슈퍼마켓과 같은 플랫폼이 적극 활용되어 투자자의 니즈에 맞는 다양하고 안정적인 포트폴리오를 제공할 수 있게 된다. 더 나아가 펀드 운용 전략의 다양화·전문화로 이어지게 될 것이다. 그럼 이제부터 3가지 정성적 평가 항목에 대해 알아보자.

1. 운용 전략 수립 프로세스

당장 수익률이 다소 부진하더라도 꾸준히 성과를 낼 수 있는 운용 전략이 펀드에 녹아 있다면 '묻지마 투자'도 해볼 만할 것이다. 그러나 실상 그런 펀드는 없다. 운용 전략은 시장 분위기와 관계없이 일관되어야 한다. 펀드에서 추구하는 전략이 시장과 시간에 따라 바뀐다면 투자자 입장에서는 혼란을 겪을 수밖에 없다.

---

4 Individual Financial Advisor의 약자. 독립투자자문업자라는 뜻으로 특정 금융사에 소속되지 않고 금융상품 투자에 대한 자문 역할을 하는 전문가를 말한다.

따라서 펀드 내 운용 전략이 제대로 수립되어 있는지에 대한 확인은 그 무엇보다 중요하다. 다만 문제는 운용 전략을 확인하는 과정이 쉽지 않다는 데 있다. 우선 그나마 가장 손쉽게 판단할 수 있는 방법은 펀드매니저가 말하는 운용 목표와 벤치마크[5]를 살펴보는 것이다. 가령 펀드매니저가 "한국 주식 시장의 고배당주에 투자해 꾸준한 성과를 창출하겠다."라는 목표를 세웠다고 가정해보자. 분명 벤치마크는 코스피와 연동된 배당 인덱스가 되어야 할 것이다. 하지만 예상 외로 코스피나 코스피200을 벤치마크로 쓰고 있다면 이는 배당주뿐만 아니라 가치주, 성장주 등 다양한 방식으로 초과수익을 추구하겠다는 의도가 포함된 것이다.

실제로 투자설명서를 꼼꼼히 읽어보면 이런 식으로 모든 전략을 다 활용해 수익을 내려 하는 경우가 태반이다. 주요 전략을 중심으로 운용하다가 그 전략이 작동하지 못하는 시기가 오면 적절히 헤지(Hedge)를 하고, 그 시기가 지나가면 다시 다른 방법으로 초과수익을 모색하는 것이다. 좋게 말하면 '유연성'이지만 나쁘게 말하면 '일탈'이기 때문에 반드시 경계해야 한다.

가. 투자 전략 및 위험 관리

(1) 이 투자신탁은 투자신탁 재산의 60% 이상을 성장하는 소비

---

5 투자의 성과를 볼 때 기준이 되는 지표. 벤치마크보다 투자 수익률이 높으면 초과수익을 달성한 것이다.

시장에 기반한 ○○○ 주식에 주로 투자합니다. 다만 탄력적으로 소비주에 간접적으로 관련된 산업과 종목에도 투자해 변동성 축소 및 초과수익을 추구합니다.

운용 목표가 애매한 실제 투자설명서를 일부 발췌해 가져와보았다. 소비주에 투자하는 펀드인데 '소비주에 간접적으로 관련된 산업'에도 투자하겠다는 문구는 매우 애매하다. 즉 시장 상황에 따라 운용 목표가 바뀔 소지가 다분하다는 뜻이다.

앞서 언급한 고배당 전략으로 펀드 운용 목표의 일관성을 다시 생각해보자. 고배당 전략은 금리 인상기 전후로는 부진할 수 있는 방법이다. 상황에 따라 다르겠지만 보통 금리가 상승할 때 배당 매력이 떨어지기 때문이다. 그래서 이때 고배당 전략은 수급으로 인해 부진한 수익률을 기록한다. 하지만 이는 금리가 인상된 후에 제자리를 찾아갈 확률이 높다. 만약 펀드매니저가 고배당주가 부진해 매도하고 성장주로 갈아탔다면 이후 장이 다시 바뀌었을 때 되돌림 현상의 혜택을 볼 수 없다. 오히려 성장주가 하락하는 장을 맞아 손실의 폭을 더 키울 수 있다. 성장주가 하락하니 또다시 전략을 바꿔 다른 성격의 주식을 살 것인가? 전략과 운용 목표가 명확한 펀드가 안전한 펀드이며, 만약 전략이 섞여 있다면 순전히 펀드매니저의 역량을 믿는 수밖에 없다.

운용 전략의 일관성을 확인하는 다른 방법으로는 투자 유니버스를 들여다보는 것이다. 일반적으로 유니버스는 판매사 사내용으로만 공개되는 제안서 내에 일부 공개되기도 하고, 투자설명서를 통해 공개되는 경우도 있다. 하지만 실제 유니버스를 확인하려면 실사를 가야 한다(사실 실사를 가도 확인이 안 되는 경우가 많다). 만약 본인이 PB 또는 증권사, 은행 등의 판매사 직원이라면 운용사에 가서 요청하는 것도 좋은 방법 중 하나일 것이다. 포트폴리오를 공개하는 것이 아니기 때문에 유니버스에 대한 질문에는 상대적으로 관대할 수 있다.

유니버스 내 대표 종목들을 시작으로 종목에 대한 이야기를 이어가다 보면 전략에 다소 배치되는 종목명이 나오는 경우가 있다. 이를 놓치지 않고 깊게 인터뷰를 하다 보면 운용역의 생각을 알 수 있다. 과연 명시된 전략만을 활용하는지, 아니면 상황에 따라서 유연성을 발휘하는지 판단할 수 있는 계기가 된다.

재간접펀드(Fund of Funds)[6]의 경우에는 유니버스가 펀드들로

▶ 재간접펀드의 개념

---

6 주식이나 채권 등의 개별 자산이 아닌 펀드에 투자하는 펀드를 말한다.

구성될 수밖에 없다. 이 경우에는 손이 2배로 가게 되는데, 하위 투자 펀드의 운용 전략이 전체 펀드의 운용 전략과 일맥상통한지 확인해야 하기 때문이다. 편입된 펀드가 포트폴리오 내에서 어떤 역할을 하는지 파악해야 한다. 선진국 투자 재간접펀드에서 '선진국 중심의 글로벌 펀드'에 투자해 이머징 국가 비중을 확대할 수도 있고, '선진국 롱숏펀드'에 투자해 익스포저(Exposure)[7] 자체를 축소하기도 한다. 따라서 재간접펀드의 경우 '펀드매니저가 어련히 알아서 잘 했겠지?'라는 안도감을 갖지 말고 실제 해당 펀드매니저가 좋다고 생각하는 펀드를 유심히 들여다보아야 한다.

운용 전략의 일관성을 알 수 있는 세 번째 방법으로는 주도주 또는 시장 주도 섹터(테마)에 대한 펀드매니저의 의견을 듣는 것이다. 2016년 말 트럼프 대통령이 당선된 이후 미국은 유난히도 IT 섹터의 주도 기업인 FAANG[8]이 시장을 견인하는 모습을 연출했다. 덕분에 한국과 대만 등 아시아의 IT 기업들이 시장을 밀어 올렸다. 일부 대형주에 수급이 몰리면서 시장이 상승해 "시장을 따라가기 너무 힘들다."라는 펀드매니저들의 볼멘소리가 여의도 여기저기서 터져 나왔다. FAANG을 가지고 있는 글로벌 펀드와 삼성전자에 투자한 국내 펀드는 좋은 펀드로 여겨지고, 아니면 나쁜 펀드로 치부되는 기이한 현상이 벌어진 것이다.

---

7 특정 기업이나 국가와 연관된 금액이 어느 정도인가를 나타내는 말로 '노출도'를 의미한다.
8 미국 IT 산업을 선도하는 페이스북, 아마존, 애플, 넷플릭스, 구글의 앞 글자를 따온 말이다.

▶ 외국인 수급이 코스피에 미치는 영향

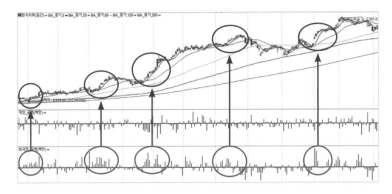

자료: 대신증권

　이러한 경우 펀드매니저는 어떤 기분일까? 어떻게 해서든 주도주를 담고 싶은 마음이 굴뚝같을 것이다. 설사 유니버스에 없다고 해도, 운용 전략과 맞지 않다고 해도 이유를 만들어서라도 주도주를 담고 싶은 마음이 클 수밖에 없다. 실제로 모 운용사의 중소형주펀드는 삼성전자 단일 종목에만 20% 넘게 투자를 했고, 중소형주펀드임에도 대형주로 수익을 내는 이상한 펀드로 기사화된 적이 있다.

　일부 대형주(삼성전자 등)가 시장 전체를 견인하는 모습, 즉 외국인 수급이 코스피 상승에 미치는 영향을 보면 시장을 따라가기 힘들다는 펀드매니저들의 고충이 이해가 된다. 하지만 투자 전략이 확고한 펀드매니저는 이러한 상황에서도 변화를 주지 않는다. 왜냐하면 철새처럼 운용 전략을 바꿔서 수익률을 올리면 자금의 유출입이 많아지고, 자금의 유출입이 많아지면 매매가 많아져 수익률 제고에 악영향을 미치기 때문이다. 물론 매매와 수익률이 항상 상관관계를 갖는 것은 아니지만 교체가 잦으면 1~2번만 타이밍을 놓쳐도 큰 타격을 받게 된다. 주도주를 포기할 정도로 끈기 있는 펀드매니저라면 신뢰할 만하다. 이러한 펀드매니저가 운용하는 자금은 시장 상황이 조금만 우호적으로 돌아서도 바로 빛을 낼 수 있다.

2 펀드매니저의 소통 능력

펀드에 투자하다 보면 펀드매니저와 직접 통화를 하고 싶어질 때가 있을 것이다. 대부분의 경우 시장은 올랐는데 펀드 수익률이 왜 그대로인지, 또는 시장은 오르는데 펀드 수익률은 왜 떨어지는지 따지려는 의도가 다분하다. 반대로 시장은 가만히 있는데 펀드 수익률이 오르는 경우에는 대화의 필요성을 못 느낀다. 직접 펀드를 운용하다 보면 시장 대비 수익률이 참 잘 나오고 있는데도 격려 전화 한 통 받을 수 없으니 서운할 때가 있다.

운용사에서는 특정 시점에 펀드매니저의 코멘트를 은행과 증권사에 송부해 이를 투자자에게 간접적으로 전달한다. 보통 시장이 많이 흔들릴 때, 기준가가 많이 하락했을 때 이런 사후관리를 하는데, 사실 투자자에게는 별로 도움이 되지 않는 내용들이다. 왜냐하면 운용 자체가 시장에 대응하는 일이므로 당장 내일 시황을 알 수 없는 상황에서 이렇다 저렇다 말하는 건 큰 의미가 없기 때문이다.

그럼에도 불구하고 일일이 투자자와 통화할 수 없기 때문에 판매사 직원들에게 관련 문서를 보내긴 한다. 하지만 펀드매니저 본인의 심정과 생각을 100% 담을 수도 없고 담기도 불가능하다. 결국 절반만 진심을 담아 문서를 작성하는 경우가 다반사다.

하지만 이러한 상황에서 펀드매니저에게 직접 미팅을 요청하면 생각보다 쉽게 만날 수 있다. 보통 은행, 증권사의 판매 직원들은 국내 펀드 시장 특성상 펀드매니저를 오라 가라 한다. 그래서 이들이 직접 발품을 팔아 찾아가면 환영하며 맞아주는 경우가 대부분이다. 직접 얼굴을 맞대면 본인의 심정을 털어놓고 믿어달라는 말을 매우 성의 있게 할 것이다. 아니면 직접 전화를 해서 차근차근 물어보는 것도 좋다.

물론 일반 투자자의 경우에는 운용사까지 직접 찾아가기가 쉽지 않다. 판매사 직원을 통해 간접적으로 미팅 결과를 들어보는 것이 최선이다. 오히려 판매사 직원으로 하여금 펀드매니저와 미팅을 하게 하는 것이 좋은 방법이다. 어찌되었든 자본 시장에서는 투자자가 왕이고, 판매사 직원들이 가진 '갑'의 지위도 결국 투자자가 부여한 것이기 때문이다.

그러나 거절을 당하거나 아무 대응이 없다면 거래하지 않으면 된다. 소통을 거부한다는 것은 책임감이 없다는 의미이며, 책임감이 없는 펀드매니저는 능력이 아무리 출중해도 훗날 반드시 투자자를 곤란하게 할 것이다. 시황이 나쁘거나 실수를 저질러 좋지 않은 성과가 나올 수도 있지만, 소통의 부재는 있을 수 없다.

3. 펀드매니저 평판 검토 및 기타사항

펀드매니저의 평판도 중요한 검토사항이다. 평판을 알아보는 방법을 이야기하기 전에 몇 가지 기타 검토사항에 대해 먼저 살펴보도록 하겠다. 먼저 살펴볼 부분은 펀드매니저가 자신의 돈을 펀드에 투입했는지 확인하는 것이다. 얼마 전까지만 해도 펀드매니저가 자신의 펀드에 투자하는 일이 어렵지 않았다. 그러나 2013년 초 감독 당국에서 이해상충을 근거로 펀드매니저가 자신의 운용 펀드에 투자하는 일을 금지 관리하라는 지침을 운용사에 내렸다. 법적으로는 가능하지만 투자를 금지하는 운용사도 생긴 것이다.

투자자 입장에서 만일 펀드매니저의 돈이 함께 펀드에 있다면 어떤 생각이 들까? 투자자와 운명을 같이한다는 부분에서는 신뢰감을 줄 수도 있다. 그래서 해외 펀드는 실사에서 해당 펀드매니저의 돈이 투자되어 있는지도 확인하고는 한다. 자기 돈 관리하듯 철저히 운용에 임할 것이라는 생각에서다. 그런데 실제로는 어떨까? 인기 펀드와 비인기 펀드가 확연히 다르다. 대형 펀드나 경험이 많은 펀드매니저가 운용하는 인기 펀드는 신의성실의 원칙에 따라 자신의 돈이 투자되었든 안 되었든 객관적으로 운용된다.

문제는 그 이외의 펀드들이다. 국내 1천 명이 넘는 매니저들 중 인기 펀드를 운용하는 스타는 손가락 안에 꼽힌다. 스타가 되기 위해 나머지 펀드매니저들은 수익률에 목숨을 건다. 거기에 자신의 돈까지 투입되어 있다고 생각해보자. 과연 객관적으로 시장을 바라볼 수 있을까? 그래서 필자는 펀드매니저의 돈이 투자되어 있지 않은 펀드를 선호한다. 절박해지면 공과 사의 구분이 어려워질 수 있고, 무엇보다 수익률 제고보다 리스크 관리가 더 중요하기 때문이다. 그래서 국내 비인기 펀드의 경우 펀드매니저의 개인 돈이 들어가지 않은 펀드를 선호한다.

펀드매니저의 개인 돈이 투입되었는지 확인했다면 그다음엔 인센티브 여부를 살펴보아야 한다. 펀드매니저들의 임금구조는 보통 인센티브가 많은 부분을 차지한다. 실제로 인센티브를 받았건 받지 않았건 펀드매니저의 머릿속에는 인센티브에 대한 갈망이 크다. 물론 이는 직장인이라면 누구나 갖는 당연한 욕심이다. 그러나 배꼽이 배보다 크면 안 되듯이 펀드매니저가 인센티브에만 목매서는 안 된다. 실제 모 운용사의 펀드는 펀드매니저가 인센티브를 더 받기 위해 해외 기관의 자문 서비스를 중단한 경우가 있었다. 지불할 자문료를 아껴 본인의 인센티브를 더 받기 위해서였다. 투자자들이 자문의 여부를 쉽게 알 수 없고 티가 잘 나지 않는다는 점을 이용한 것인데, 이는 정말 상식 밖의 행동이다. 하지만 결국 돈이 걸리면 돌변하는 것이 인간이다. 펀드매니저와 만날 기회가 있다면 인센티브에 얼마나 민감한지 꼭 확인하고, 돈을 너무 밝히는 펀드매니저의 펀드에는 관여하지 않는 것이 합리적이다.

펀드매니저가 인센티브에 얼마나 민감한지 확인했다면 이제 평판을 조회해볼 차례다. 만일 펀드매니저가 정말 인센티브에 눈이 멀어 펀드 운용에 소요되는 필수 비용을 없애는 일을 했다면 이를 어떻게 알 수 있을까? 이때 필요한 게 바로 평판 조회다. 물론 평판이라는 것은 주관적이기 때문에 편견을 유발할 수 있고, 속된 말로 '뒷말'에 해당되기 때문에 꺼림직한 부분도 있다. 하지만 정말 큰 금액을 투자하거나, 미래를 위한 파트너십의 관계를 맺기 위해서는 필요한 정보라고 생각한다.

펀드매니저의 평판 검토는 그리 어렵지 않다. 운용업계가 정말 '좁은 바닥'이기 때문이다. 펀드매니저 몇 사람만 알면 쉽게 평판을 들을 수 있다. 또는 매매주문을 이행하는 중개인(브로커)을 통해 업무 스타일과 역량 등도 어렵지 않게 파악이 가능하다. 증권사 금융상품팀 또는 법인영업팀원들과 친하게 지내면 많은 공을 들이지 않아도 쉽게 평판을 조회할 수 있다. 또한 수탁은행(시중 은행 증권수탁부 등)에 오래 근무한 담당자들의 경우 펀드매니저의 성정을 잘 파악하고 있어 관계를 잘 쌓으면 좋은 정보를 얻을 수 있다.

해외에는 "펀드매니저가 고가의 스포츠카를 샀다면 그 펀드를 팔아라."라는 말이 있다. 펀드매니저에게 가장 중요한 건 시장 분석과 종목 발굴이다. 개인적인 삶을 즐기는 게 잘못되었다는 것은 아니지만, 펀드매니저가 시장을 두고 다른 곳에 눈을 돌리면 수익률이 빠지는 것은 시간 문제라는 뜻에서 나온 말이다. 그만큼 시장 분석과 대응은 어려운 작업이다. 간혹 어린 나이에 성공하는 펀드매니저들이 있는데 그들의 공통점은 모두 겸손하다는 것이다. 잘 맞지 않는 양복에 어수룩한 표정을 하고 있어도 시장 이야기를 시작하면 눈이 초롱초롱 빛난다. 그러면서도 시황에 대한 판단은 조심스럽다. 그게 바로 제대로 된 펀드매니저의 자세다.

꼭 펀드매니저를 만나보길 권한다. 그들의 인생 목표는 무엇인지, 표정은 어떤지, 시장에 대해 겸손한지 확인해보기 바란다.

　펀드매니저 생활은 오래 하지 못한다는 말이 있다. 24시간 시장이 돌아가기 때문이다. 국내 시장이 열리면 얼마 있다가 중국 본토 시장이 열리고, 이어서 홍콩 시장이 열린다. 그리고 국내 시장이 문을 닫으면 유럽 시장이 열리고, 잠이 들 때쯤 뉴욕 시장이 열린다. 모든 시장을 조금씩이라도 다 보고 있어야 하기 때문에 체력이 아무리 좋아도 신경이 날카로워지는 것은 어쩔 수 없다. 그래서 스트레스가 많은 일이다. 스트레스를 푸는 취미 생활도 시간이 걸리기 때문에 잘 하지 않는다. 오직 펀드의 수익률이 올라갈 때만 스트레스가 풀린다고 해도 과언이 아니다. 필자는 겸손하고, 열정이 있고, 시장 대응에 소신이 있는 펀드매니저의 펀드를 추천한다. 지금 당장 돈을 잘 버는 펀드매니저보다 훨씬 더 투자 가치가 있다. 다시 강조하지만 꼭 펀드매니저를 만나보길 권한다. 그들의 인생 목표는 무엇인지, 표정은 어떤지, 시장에 대해 겸손한지 확인해보길 바란다.

헤지펀드로 한 걸음
더 나아가자

다양한 전략과 상품이 존재하는 해외 시장의 헤지펀드를 알아본다면 보다 많은 선택지를 갖게 될 것이다. 헤지펀드로 글로벌 투자 계획을 세워보자.

투자자에게 헤지펀드(Hedge Fund)에 대한 생각을 물으면 10명이면 10명 모두 위험하지 않냐고 되묻는다. 몇 년 전 글로벌 헤지펀드 운용 전략을 활용한 펀드를 출시해 운용한 적이 있다. 많은 곳을 다니면서 펀드를 소개했는데, 당시 만났던 투자자들의 회의적인 태도를 지금도 잊을 수 없다. 필자는 개인적으로 헤지펀드에 대한 사람들의 시선이 왜 그리도 부정적인지 이해가 되지 않는다. 물론 2014~2015년 일부 성공리에 자금을 유치했던 국내 주식형 헤지펀드의 성과가 매우 좋지 않았기 때문이라는 의견에는 동의하지만, 그건 너무나도 협소하고 미약한 우리나라 주식 시장에서도 일

▶ 헤지펀드 설정 수 추이

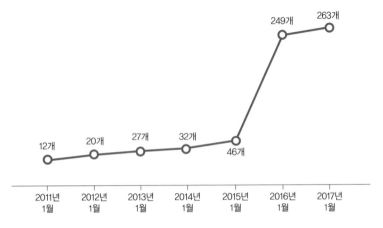

249개
263개

12개   20개   27개   32개
                            46개

2011년 2012년 2013년 2014년 2015년 2016년 2017년
1월   1월   1월   1월   1월   1월   1월

자료: NH투자증권

부의 케이스다.

글로벌 시장의 단 3%도 차지하지 못하는 한국 시장에 있으면서 사례 하나만으로 헤지펀드에 대한 생각을 부정적으로 갖는 건 불합리하다. 보다 다양한 전략과 상품이 존재하는 해외 시장의 헤지펀드를 알아본다면 다양한 선택지를 갖게 될 것이다. 최근에는 우수한 헤지펀드를 재간접펀드로 엮어서 출시한 상품들이 인기를 끌고 있다. 헤지펀드의 설정 수 추이를 살펴보면 헤지펀드에 대한 투자자들의 인식 변화를 한눈에 알 수 있다. 이번 장을 통해 기본적인 전략만 잘 파악한다면 글로벌 투자 계획을 세우는 데 많은 도움이 될 것이다.

헤지펀드와
운용 전략

헤지펀드란 본래 운용 리스크 축소 목적으로 구성된 투자 전략이
자 상품이다. 시장이 한쪽으로 치우쳐 움직일 때 시장 반대 방향으
로 일정 자산을 베팅해 쏠림 현상을 줄이고, 변동성과 리스크에 대
응하는 투자 전략을 일컫는다. 그래서 대비책(Hedge)이라는 이름
이 붙은 것이다. 상승장에서 물론 수익을 추구할 수 있지만 시장이
항상 상승만을 거듭할 수 없기 때문에 하락장에서도 수익을 추구
할 수 있도록 고안된 전략이다. 그뿐만 아니라 현물은 물론 파생상
품 등 다양한 자산에 투자해 수익률 제고를 모색한다.

투자자 입장에서 보면 전략과 투자 자산이 너무도 다양해 꺼려
질 수 있다. 일관된 전략을 구사하기보다 적극적이고 유동적으로
시장을 예측하고 대응해 부담스럽게 느껴지는 것도 사실이다. 하
지만 시장에 따라 마냥 등락을 거듭하는 일반 뮤추얼펀드보다는
잘 운용되고 있어 상대적으로 안정적이라 본다.

헤지펀드는 뮤추얼펀드에 비하면 매우 다양한 전략을 가지고 있
다. 특히 주식형의 경우 기본적인 롱숏(Long Short) 전략은 물론이
고, 이벤트 드리븐(Event Driven) 전략, 바이 앤 홀드(Buy and Hold)
전략, 마켓 뉴트럴(Market Neutral) 전략 등 시장의 성격에 맞는 여
러 전략이 있다. 세세히 모든 전략에 대해 알고 있으면 도움이 되

▶ 헤지펀드의 운용 전략

운용 전략	설명
롱숏 전략	주가 하락이 예상되면 미리 팔고, 주가 상승이 예상되면 미리 매수하는 전략. 주식 헤지 전략이라고도 한다.
이벤트 드리븐 전략	수급 요인이나 M&A, 합병 등 이벤트를 기반으로 매매하는 전략
바이 앤 홀드 전략	매수한 뒤에 따로 매도하지 않고 그대로 주식을 보유하는 전략
마켓 뉴트럴 전략	하나 혹은 그 이상의 시장에서 발생하는 가격 등락에 따라 이익을 챙기고, 특정 시장으로부터 비롯되는 위험은 피하는 투자 전략
글로벌 매크로 전략	거시경제 분석을 바탕으로 매매하는 전략. CTA 전략을 포함한다.
상대가치 전략	시장의 방향에 베팅하지 않고 자산의 가치와 자산 간의 괴리 등을 파악해 매매하는 전략

자료: HFR

겠지만 실제로 운용을 해보지 않고서는 사실 전략 간 차이를 크게 느낄 수 없다.

여기서는 큰 범주의 운용 스타일과 전략으로 상품의 이해를 돕고자 한다. HFR(Hedge Fund Research)에 따르면 헤지펀드 운용 스타일은 크게 글로벌 매크로(Global Macro) 전략과 주식 헤지(Equity Hedge) 전략, 상대가치 전략(Relative Value), 그리고 앞에서 언급했던 이벤트 드리븐 전략이 있다. 이 중 주식 헤지 전략이 비중에서 절반 가까이를 차지하고, 나머지 전략이 비슷한 비중을 가지는 것이 트렌드다.

우선 글로벌 매크로 전략은 거시경제 분석을 바탕으로 매매하는 전략이다. 글로벌 매크로 전략은 IMF 외환위기 때 떠오른 조지 소로스 때문에 더 유명하기도 한데, 1992년 영국은행이 조지 소

로스 펀드와 대적하다 하루에 기준금리를 2번 상향 조정한 사건
은 운용업계의 전설로 남아 있다. 글로벌 매크로 전략은 전 세계
금융상품, 파생상품을 모두 활용하는 전략으로, 선물을 활용하는
CTA(Commodity Trading Advisor) 전략을 포함한다. 자산의 종류
가 워낙 많고 다양한 경제지표를 분석해야 하기 때문에 시장의 패
턴을 읽어 자동으로 주문을 내는 시스템 트레이딩을 활용할 때도
있다. 최근 트렌드를 보면 꾸준한 수익률을 보이다 2016년 들어
성과가 나빠지기도 했으나 지속적으로 니즈가 있는 전략이다.

　다음으로 주식 헤지 전략은 우리가 흔히 알고 있는 롱숏 전략이
주를 이룬다. 롱숏 전략은 기본적으로 매수 포지션(Long Position)
을 구축하되 하락 가능성이 높은 주식, 지수에 대해서는 매도 포지
션(Short Position)을 잡아 양방향의 수익을 추구한다. 매수 포지션
의 비중이 높은 전략(Long Bias) 또는 매도 포지션에 무게를 더 두
는 전략(Short Bias)으로 구분되기도 하지만 글로벌 롱숏펀드의 대
부분은 펀드 자산의 70%는 매수 포지션, 30%는 매도 포지션을 취
한다.

　롱숏 전략이 헤지펀드의 기본이 된 이유는 '매도 포지션 구축'의
효용성 때문이다. 하락에 베팅한다는 개념 자체가 시장의 방향성
과 관련성을 줄일 수 있어 '리스크 헤지'라는 개념과 일맥상통한다.
채권, 원자재, 선물 등에도 이 개념이 적용되어 전략의 범위가 확대
되었다. 이를 두고 공매도(Short Selling Strategy)라고 별도의 이름
을 붙이기도 하지만 실질적으로는 롱숏 전략의 일환으로 많이 쓰

인다. 참고로 롱숏의 어원은 여러 가지 의견이 분분하지만, 상승을 갈망한다는 뜻의 'Long for'와 매도 후 보유 자산이 부족해진다는 개념인 'Short of'에서 유래했다는 의견도 있다.

상대가치 전략은 시장의 방향에 베팅하는 전략과는 달리 자산의 가치를 평가하거나 자산 간 괴리를 포착하는 방법이다. 등락이 있더라도 결국 본래 가치에 되돌아간다는 특성을 활용하거나, 자산 간의 괴리를 포착한 후 싼 자산은 매수하고 비싼 자산은 매도하는 전략이다. 이를 위해서 특정 수리적 모델 또는 통계적 모델을 쓰기도 한다. 시장중립전략(Market Neutral Strategy)이 대표적이라 할 수 있다. 일반적인 주식형 롱숏 전략처럼 펀더멘털을 분석해 상대적 우위의 주식을 매수하고, 열위의 주식을 공매도해 양방향의 이익을 추구하는 것까지는 비슷하다. 다만 위험자산 노출도를 0으로 한다는 부분에서 차이가 있다. 공매도 포지션과 주식 포지션을 거의 동일하게 유지할 경우 위험자산 노출도가 0이 되지만, 한쪽이 높으면 위험자산 노출도가 증가해 일단 0보다 높아진다. 예를 들어 지수를 매도하고 바스켓(지수의 수익률을 따라갈 수 있는 주식들)을 짜서 매수하는 식으로 동일한 비중의 포지션을 취하면 시장 리스크를 없애고 바스켓에서 나오는 알파 성과로 안정적인 수익을 도모할 수 있다.

마지막으로 이벤트 드리븐 전략이 있다. 사건기반 전략이라고도 한다. 시장과 기업에 예상치 못한 이벤트나 예상되는 이벤트가 발생하는 경우 이를 이용해 수익을 얻는 전략이다. 기업이 적정 가치를 벗어나 있고 이벤트가 예상된다면 주가 흐름에 따라 숏(공매도)을 치기도 하고, 롱(매수 포지션)을 유지하기도 한다. 즉 기업 간 인수합병, 상장, 파산 등의 이슈가 예상되거나 시장 분석을 통해 이러한 이벤트를 미리 알 수 있다면 포지션 구축이 가능하다. 이벤트 전에 포지션을 구축하고 이벤트가 발생하면 포지션을 청산하는 것도 이벤트 드리븐 전략에 포함되지만, 이벤트 이후 발생하는 주가 흐름에 대응하는 전략 역시 이벤트 드리븐에 포함된다. 한국에서는 SPAC[9]을 통해 기업 인수 합병에 대응하는 이벤트 드리븐 전략이 한국형 헤지펀드에 활용되기도 했다. 물론 제대로 해내는 펀드는 찾아보기 어렵지만 말이다.

지금까지 헤지펀드가 무엇인지, 그리고 운용 전략은 무엇이 있는지 알아보았다. 필자의 경험상 훌륭한 글로벌 헤지펀드의 특징은 샤프비율이 높았다. 다시 말해 안전성이 높다는 뜻이다. 헤지펀드는 수익률 상승을 위해 리스크를 짊어지기도 하지만 그만큼 리스크에 대한 헤지도 해내기 때문이다. 물론 '덜 훌륭한' 헤지펀드의 경우 양방향 수익이 아니라 헤지하려던 리스크에서 오히려 손해가 발생해 양방향 손실을 보는 경우도 있다. 포트폴리오 기본 원리에 따르면 신규 자산을 편입할 때 샤프비율이 높아지면 일단 기본 조건은 갖춘 셈이다. 그래서 장의 변동성이 커졌을 때 일반적인 롱

---

9 비상장 기업과 합병하기 위해 코스닥에 상장된 페이퍼컴퍼니의 일종이다. 2009년 말 일반 상장이 어려운 우량 중소기업들의 우회상장을 통해 코스닥 시장에 입성할 수 있게 도입되었다.

포지션의 뮤추얼펀드보다 헤지펀드를 편입할 경우 포트폴리오의 안정성을 도모할 수 있다.

다만 문제가 되는 것은 자산 간의 상관관계다. 같은 방향으로 움직이는 자산일 경우 샤프비율 개선의 가능성이 있다고 하더라도 가능성에 그치는 경우가 많다. 상관관계가 낮아야 기대 수익률이 낮아지더라도 리스크에 대비할 수 있다. 헤지 전략의 경우 롱숏 전략이 대부분이다. 70%가 롱 포지션을 유지하기 때문에 상관관계가 높을 수밖에 없다. 글로벌 매크로 전략의 경우에도 경험상 환변동성이 커질 경우 금리가 급격히 움직일 때는 주식 자산과의 상관관계가 높아진다. 하지만 상대가치 전략이나 이벤트 드리븐 전략은 전략의 성격상 시장과 다르게 움직일 가능성이 높다. 이처럼 포트폴리오에 편입해 안전성을 개선하고자 할 때는 반드시 상관관계를 따져보아야 한다.

사람들은
빗나간 선택을 하지만,
시장은 만물을 꿰뚫고 있다.

• 켄 피셔(Kenneth Fisher) •

5장

해외 펀드투자의
모든 것

해외 펀드의
체계부터 알아야 한다

막상 펀드에 가입하려고 하면 생각지도 못한 난관과 마주하게 된다. 해외 펀드의 기본적인 체계에 대해 알아보자.

자산배분에 대한 이해와 좋은 펀드매니저를 선별하는 과정까지 마쳤다면 이제 펀드에 가입하기만 하면 된다. 그런데 막상 펀드에 가입하려고 하면 생각지도 못한 난관과 마주하게 된다. 해외 펀드를 한 번이라도 가입해본 경험이 있다면 분명 공감할 것이다. 묻고 싶은 게 있어도 마땅히 설명해주는 사람도 없다. 교과서에 나오는 것도 아니고, 은행이나 증권사 직원들도 자세히 묻기 시작하면 대답하기를 주저하고는 한다. 해외 펀드에 투자하기 위해서는 사전에 어떤 부분을 알아야 하고, 무엇을 숙지해야 할까?

해외 펀드의
기본적인 개념

해외 펀드라고 해서 다 같은 해외 펀드가 아니다. 펀드매니저가 국내에서 직접 해외 주식과 채권을 매매하기도 하지만, 국내 펀드매니저가 자금을 해외 펀드매니저에게 통째로 위탁하는 경우도 있다. 해외 펀드매니저가 운용하는 유명한 펀드를 상황에 따라 교체하며 운용하는 경우도 있고, 해외 운용사나 증권사로부터 자문 서비스를 받아 국내에서 운용하는 경우도 있다. 해외 시장에 직접 가서 운용하는 게 아니므로 현지 사정을 잘 아는 기관으로부터 훈수를 받는 것이다. 즉 어떤 옵션을 취하느냐에 따라 매우 다른 시장 대응력을 보여주기 때문에 투자자는 반드시 일련의 개념을 인지해야만 한다. 자신이 가입하려는 펀드의 특징도 모른 채 투자하겠다는 건 어불성설이다.

글로벌 금융위기 이전에는 해외 투자라고 하면 누구나 해외에 있는 펀드에 투자한다고 생각했다. 하지만 지난 몇 년 사이 글로벌 유동성 장이 도래하면서 미국 거대 IT기업들의 주가가 상승하자 박스피에 지친 국내 펀드매니저들에게 새로운 블루오션이 되었다. 특히 영어 좀 하는 펀드매니저들은 관심을 넘어 직접 매매를 시도하게 된다. 우리나라 펀드매니저들이 직접 운용에 본격적으로 도전장을 내민 것이다. 그뿐만 아니라 대형 IT기업들의 주가 상승은

해외 펀드	직접 운용	① 국내에서 해외에 직접 투자 ② 해외 운용사 자문 서비스 기반 투자 ③ 해외 운용사가 자금 100%를 위탁 운용
	재간접 운용 (해외 펀드 편입)	④ 단일 해외 펀드 100% 투자 ⑤ 여러 해외 펀드에만 분산투자 ⑥ 해외 펀드와 해외 ETF, 주식에 분산투자

증권사들로 하여금 트레이딩 시스템의 발전을 자극했고, 외국 증권사와의 제휴 등의 노력을 부추겨 일반 투자자들 역시 해외 주식 투자와 가까워질 수 있었다. 누구나 쉽게 애플이나 아마존과 같은 기업에 장기투자를 하는 시대가 된 것이다. 당연히 개인 투자자가 하는 일을 펀드매니저가 못한다는 건 부끄러운 일이다. 그래서 직접 운용 중 해외에 직접 투자해 매매하는 방식(①)이 최근에 화두가 되고 있다.

그런데 직접 운용이란 말처럼 쉬운 게 아니다. 펀드매니저는 일반 투자자와 달리 누구나 아는 주식 말고, 깊이 있는 리서치를 통해 잠재적 상승 가능성이 큰 기업을 발굴해야 한다. 그러나 상식적으로 생각해볼 때 과연 한국에 있는 영어도 어설픈 동양인 펀드매니저가 서양 현지 기업 탐방이나 세미나 참석 없이 그런 기업을 찾을 수 있을까? 누구나 보는 분기별 재무제표를 바탕으로 성장 가능성이 높은 주식을 선별하는 건 매우 어려운 일이다. 그래서 선호되었던 방식이 자문 서비스를 기반으로 하는 직접 운용(②)이다. 현지 운용사나 증권사가 리서치를 하고 좋은 주식들을 추천해주면 국내 펀드매니저가 2차로 리서치해 포트폴리오에 편입하는 구조다. 이는 사실 직접 운용뿐만 아니라 재간접 운용에도 접목되어 재간접 펀드에 이용되기도 한다. 실제로 펀드 선정과 시장 분석 등의 자문을 받아 운용하는 재간접펀드가 많이 생겨났다.

문제는 자문 서비스가 취지는 매우 좋은데 당연히 공짜로 이루어지지 않는다는 점이다. 보수가 생각보다 높다. 그래서 수익성을 따지는 운용사와 펀드매니저들은 기피하고 있는 실정이다. 보통 자문 보수는 운용 보수 내에서 지급되어 결국 국내 펀드매니저가 본인의 보수 일부를 내주는 구조다. 투자자의 입장에서는 운용 안정성이나 심도 있는 리서치를 생각하면 당연히 자문 서비스가 포함된 펀드가 긍정적이다. 하지만 운용사의 입장에서는 회사 수익성을 훼손하는 서비스로 인식될 소지가 있다. 특히 대세 상승장에서는 자문 서비스를 불필요하게 생각하는 경우가 많은데, 시장이 항상 상승장만 있는 것이 아니기 때문에 수익률 제고를 위해 이러한 생각은 바꿀 필요가 있다.

해외에서 유명한 펀드를 찾지 못할 때, 특별한 시장의 특이한 운용 전략의 상품을 만들고 싶을 때, 자금이 매우 많아 기존 펀드에 가입하기 어려울 때는 위탁운용(③)을 쓰기도 한다. 위탁운용은 국내 운용사의 펀드매니저가 본인이 운용할 수 있는 결정권을 해외의 펀드매니저에게 넘기는 경우를 일컫는다. 아주 훌륭한 검증된 펀드매니저에게 운용을 맡기거나, 특별한 시장에 진입해 국내에서는 의사결정이 힘들 때 활용하는 방법이다. 위탁운용의 경우 이 또

투자자의 입장에서는 자문 서비스가 포함된 펀드가 긍정적이지만, 운용사의 입장에서는 수익성을 훼손하는 서비스로 인식될 소지가 있다.

한 위탁운용 현지 펀드매니저에게 별도로 보수가 들어가기 때문에 비싼 비용이 소요된다. 참고로 중국 본토 펀드는 대부분 위탁운용을 한다.

위탁운용은 자문 서비스 기반 운용과는 다르다. 자문 서비스를 받는 경우에는 국내 펀드매니저가 판단을 내려 최종 결정을 한다. 자문 서비스를 100% 활용할지 말지도 국내 펀드매니저의 권한이다. 투자설명서에 어떻게 명시되어 있는지에 따라 다르지만 결국 자문 서비스를 받더라도 해당 자문이 펀드에 어느 정도 반영될 것인지는 펀드매니저의 영역이라는 뜻이다. 하지만 위탁운용은 국내 펀드매니저가 유동성 정도만 관리하고 모든 결정을 해외 위탁 펀드매니저에게 맡긴다. 국내 펀드매니저는 모니터링을 한다. 물론 위탁 펀드매니저와 시장을 바라보는 관점을 공유하거나 중요한 결정을 협의하는 경우도 있지만, 보통은 국내 펀드매니저가 결정에 관여하지 않는다.

해외 펀드를 60% 이상 편입하는 재간접펀드는 해외 펀드 자체를 한국에서 등록해 판매하는 펀드(④)와 국내 운용사가 여러 가지 해외 펀드를 골라 별도의 펀드에 편입시켜 운용하는 구조(⑤)로 양분되어 있다. 전자는 외국계 운용사가 한국에 법인을 개설하고 룩셈부르크나 아일랜드의 유럽 펀드 등록 규정(UCITS)을 준수한 펀드를 국내 금융감독원의 절차를 거쳐 들여오는 경우다. 해외 유명 펀드매니저가 돈을 굴려준다는 장점이 있지만 내재된 비용이 비싸다는 단점도 있다.

반면 후자는 국내 운용 펀드매니저가 이러한 펀드를 몇 개 골라 펀드 내 20% 이하의 비중을 두고 투자하는 공모펀드다. 하지만 이 구조는 국내 운용사 펀드매니저가 시장을 분석하고 시의적절한 펀드를 찾아내 투자하는 구조이기 때문에 펀드매니저 개인의 역량에 큰 영향을 받는다. 즉 국내 펀드와 별 차이가 없다. 전자와 마찬가지로 내재된 비용이 비싼 편이지만 국내 운용사와 현지 운용사가 내재 비용을 얼마로 협상하느냐에 따라 달라진다. 국내 펀드매니저가 경험이 많고 네트워크가 좋다면 현지 운용사가 믿고 맡길 수 있어 내재 비용이 적게 들기도 한다. 따라서 해외 펀드로 구성된 재간접펀드의 경우 펀드매니저의 역량에 따라 기본적으로 지불

▶ EMP 국내 설정액

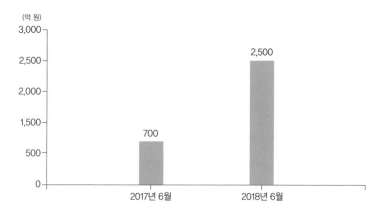

자료: 에프앤가이드

하는 비용을 줄일 수 있다. 그만큼 수익률에도 도움이 된다.

　마지막으로 해외 재간접펀드로 분류된 상품 중에 최근 투자자들 사이에서 화제가 된 특이한 상품이 있다. ⑥에 해당되는데, ETF로만 구성된 EMP(ETF Managed Portfolio)와 펀드, ETF, 해외 주식을 섞은 유형이다. EMP는 펀드매니저 본인 또는 운용사의 글로벌 자산배분 논리를 바탕으로 시장 리스크를 줄이고 시장 대비 높은 수익을 추구하는데, 국내 설정액이 1년 사이 3배 넘게 뛰어오를 정도로 큰 관심을 받고 있다(2018년 6월 기준). 이것은 블랙박스와 유사한 퀀트 모델을 적용하는 경우가 많다. ETF만을 활용하기 때문에 시장 대응이 빠르고 내재 비용이 적어 패시브 전략과 액티브 전략의 중간이라는 평도 있다. 또 다른 유형으로는 해외 펀드와 ETF 또는 해외 주식을 접목해 운용하는 전략이 있다. 이러한 상품은 운용하는 펀드매니저 입장에서는 매우 난이도가 높은 편이다. 펀드는 펀드대로 노력을 기울여 선별해야 하고, 주식과 ETF는 실질적으로 직접 운용에 해당되어 액티브 운용이 필요하다. 항상 전체적인 조화를 고려해야 해서 펀드매니저가 2배, 3배로 고생을 한다. 해외 펀드 실사를 위한 반복적인 출장, 그리고 직접 운용을 위한 야간 운용이 필요하다. 필자가 해외 펀드를 운용할 때 가장 재미있었지만 힘들었던 펀드가 바로 이 형태의 상품 구조였다.

떨어질 때는 왜 같이 떨어지고 올라갈 때는 왜 가만히 있을까?

운용사에서 처음 펀드매니저로 근무하던 시절에는 은행과 증권사의 지점들을 돌면서 상품 설명을 하는 기회가 많았다. PB들을 만나면 투자자들의 분위기를 간접적으로 느낄 수 있어 기꺼이 외부 행사에 동참했다. 지방에 가면 아무래도 서울보다는 펀드매니저를 만날 기회가 적어서 그런지 운용 성과와 관계없이 매우 잘 대해주셨다. 프레젠테이션에 대한 집중도도 서울과는 완전히 달랐다. 누군가 자신의 이야기를 잘 들어주는 게 그렇게 의미 있는 일이라는 걸 그때 새삼 깨달았다.

상품을 설명할 때 가장 많이 들었던 질문 중 하나가 왜 해외 재

▶ 재간접펀드의 실제 유동성 예시

펀드	편입 자산	유동성	투자 비중	실제 펀드 내 유동성
A	95%	5%	19%	0.95%
B	90%	10%	19%	1.95%
C	97%	3%	19%	0.57%
D	96%	4%	19%	0.76%
E	95%	5%	19%	0.95%
현금			5%	5% + 5.18% = 10.18%

간접펀드는 좋은 펀드를 편입하면서도 떨어질 때는 같이 떨어지고 올라갈 때는 가만히 있느냐는 물음이었다. 본 질문에 대한 답을 하기 위해서는 우선 재간접펀드의 상품 구조와 특징을 생각해볼 필요가 있다. 펀드 여러 개를 편입하는 경우 이런 상황이 더 부각되는데, 보통 편입 펀드들이 각기 다른 유동성을 보유하다 보니 투자자가 접하는 최종 펀드의 유동성은 10%가 넘어가게 된다. 생각하지 못한 유휴자금이 숨어 있었던 것이다.

가령 1개의 펀드에서 해외 펀드 5개를 담아 투자한다고 할 때, 예시처럼 각 펀드의 유동성을 3~10% 정도로 상정해보자. 펀드매니저가 펀드에서 현금을 5%만 가지고 있다고 하더라도 투자 비중에 따라 실제 펀드에 영향을 주는 유동성은 10%가 넘게 된다. 무려 2배에 달한다. 이것이 바로 '숨어 있는 유동성'이다. 떨어질 때 같이 떨어지는 이유에 대한 대답은 안 되더라도, 시장이 올라갈 때 국내 기준가 상승의 발목을 잡는 이유에 대해서는 숨은 유동성 때문이라고 설명할 수 있다.

그럼 떨어질 때 더 떨어지는 느낌을 받는 이유는 무엇일까? 물론 계량적인 검증이 필요할 수도 있겠지만 경험상 투자자들의 마인드 때문이다. 재간접펀드니까, 전문가가 좋은 펀드만 골랐으니까 아무래도 덜 떨어질 것이라고 긍정적으로 생각한다. 그러나 그 기대만큼 하락장에서 리스크 방어력이 좋지 못하기 때문에 실망감이 착시 현상을 부르게 된다.

편입되는 펀드의 성격도 원인이 될 수 있다. 편입되는 펀드는 보통 핵심자산의 역할을 하는 펀드가 아니라 알파자산의 역할을 하는 변동성이 큰 펀드들이다. 이는 시장 변동성이 커지면 펀드의 리스크 방어력이 그만큼 떨어진다는 뜻이다. 따라서 재간접펀드를 운용하는 펀드매니저는 치밀한 펀드 실사를 통해 핵심자산의 역할을 할 수 있는 펀드를 장기 보유하고, 알파자산이 될 펀드는 제때 교체해주어야 한다. 그러나 알파자산으로 충실하게 자기 역할을 할 수 있는 펀드가 핵심자산의 역할까지 하고 있다면 해당 재간접펀드의 변동성은 불 보듯 뻔하다.

마지막으로 해외 펀드는 국내 펀드보다 투자 기간이 길게 설계되어 있다. 국내 투자자들보다 해외 투자자들의 투자 기간이 길고, 장기투자를 원하기 때문에 운용 방식도 다르다. 예를 들어 시장이 원인이 되거나 주식의 개별 요인으로 인해 폭락하게 되면 원상 복귀될 가능성이 있다고 생각한 해외 펀드매니저들은 끝까지 보유하게 된다. 장기투자이므로, '어차피 내년 이맘때쯤이면 올라와 있을 것'이라는 확신이 있으면 보유한다. 그러나 마음이 급한 투자자들은 당장의 하락만 보고 환매해 손실을 본다. 따라서 해외 펀드에 투자할 때는 여유 자금으로 장기투자할 것을 권유한다.

모르면 손해 보는
펀드 수수료와 세금

펀드매니저의 역량을 확인하는 차원에서라도 투자자는 끝까지 숨은 수수료를 찾아볼 필요가 있다. 세금 역시 꼼꼼히 살펴보자.

황영기 전 금융투자협회장이 삼성증권 대표 시절 번역한 『성공하는 투자전략 INDEX 펀드』를 살펴보면, 액티브펀드의 단점 중 하나로 높은 수수료 체계를 이야기한다. 수수료 체계가 높아 장기투자의 성과를 저해한다는 지적이다. 백 번 옳은 이야기다. 주식형펀드는 물론이고, 채권형펀드 역시 높은 운용 보수와 판매 수수료가 소요되어 투자자로 하여금 '호구 잡힌' 느낌이 들게 한다. 성과도 성과지만 손해가 났는데 수수료로 본인들 이익까지 챙겨가니 누가 봐도 얄밉다.

앞서 언급했듯 해외 펀드를 운용하는 펀드매니저의 역할 중 하나가 수수료 협상이다. 그러므로 펀드매니저의 역량을 확인하는 차원에서라도 투자자는 끝까지 숨은 수수료를 찾아볼 필요가 있다. 해외 펀드 수수료는 크게 현지 운용사에서 받는 운용 보수, 국내 운용사에서 받는 운용 보수, 수탁은행 수수료, 사무관리비용, 그리고 국내 운용사 판매 수수료 등으로 나눠볼 수 있다.

숨은 수수료를 놓치지 말자

수수료 중 가장 큰 비중을 차지하는 것이 국내 운용사의 판매 수수료다. 이는 투자자를 직접 만나는 PB나 창구 직원의 성과와도 연동된다. 가끔 일부 나쁜 마음을 먹은 판매사 직원이 본인의 욕심을 챙기기 위해 무작정 판매 수수료가 높은 펀드를 권유하는 경우가 있다. 그래서 투자자의 입장에서는 반드시 판매사 보수를 확인하는 습관을 들여야 한다. 물론 "제가 이거 가입하면 우리 김 대리님이 이만큼 받는군요."라는 식으로 판매 수수료를 콕 집어 이야기하면 상대가 기분 나빠 할 수 있다. 하지만 진정 좋은 상품이라면 "그럼에도 불구하고 꼭 가입하셔야 하는 이유가 있습니다."라는 대답과 함께 상세한 설명을 듣게 될 것이다.

수탁은행과 사무관리비용은 얼마 되지 않기 때문에 신경 쓰지 않아도 된다. 문제는 현지 운용사와 국내 운용사에서 받는 운용 보수다. 우선 앞서 언급한 재간접펀드의 유형 중 단일 펀드에 100% 투자하는 유형은 보통 국내 운용사의 운용 보수가 높지 않다. 국내 펀드매니저가 운용에 직접적으로 참여하지 않기 때문에 보수를 높여 받을 명분이 없어서다.

그러나 현지 운용 보수는 성격이 다르다. 실제 자금을 운용하는 펀드매니저가 받아가는 비용이므로 높을 수밖에 없다. 사실 이에 대해서는 투자설명서를 자세히 읽어봐도 알아내기가 쉽지 않다. 펀드 출시 초창기 또는 개정할 때의 상황을 투자설명서에 예시로만 나타내는 경우가 많기 때문이다. 이는 다시 말해 실제 편입된 해외 펀드의 비용을 표시하지 않는다는 뜻이다. 만약 A라는 펀드를 펀드 초창기에 편입했다고 하더라도 몇 달 뒤 B라는 펀드로 교체 매매할 수 있다. 이에 따른 정보 업데이트는 차후에 이루어지거나 아예 하지 않을 수도 있기 때문에 투자자 입장에서는 악착같이 따져 묻지 않으면 알 수 없다. 고비용 펀드가 편입되었는데 성과까지 좋지 않으면 투자자 입장에서는 어떻게 돌아가는지도 모른 채 손실을 보게 된다.

투자자가 면밀히 살펴봐야 할 것은 국내 펀드매니저가 어떤 종류(클래스)의 해외 펀드를 재간접펀드 속에 편입했는지다. 해외 펀드 역시 운용 보수에 따라 클래스가 정해진다. 일반적으로 룩셈부르크에 등록된 시카브펀드(국내 법이 아닌 유럽의 공모펀드 투자 기준(UCITS)을 따르는 역외 펀드)의 경우 일반 투자자가 접근할 수 있는

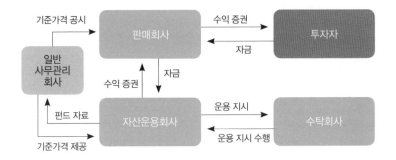

일반 클래스(Retail Class)가 있는 반면, 기관 투자자 전용 클래스(Institutional Class)도 존재한다. 기관 투자자 클래스의 경우 상대적으로 운용 보수가 매우 저렴하다. 물론 클래스가 다르다고 해서 다른 펀드로 운용되는 것은 아니다. 투자자에 따라서도 최소 가입 조건 등이 다르기 때문에 운용 보수가 다르다.

투자한 펀드들의 구성이 기관 투자자 전용 클래스로 이루어져 있다면 일반 클래스로 구성한 펀드와 비교했을 때 절반 또는 그 이상의 비용을 절약한 셈이다. 또한 펀드매니저가 현지 운용사와 협상을 별도로 한다면 추가로 리베이트를 받아 운용 보수를 내릴 수도 있다. 보통 기관 클래스를 편입할 때 여러 가지 조건을 내세우는 경우가 많은데 이 또한 펀드매니저가 협상을 하면 해결이 가능하다. 그래서 능력 있는 펀드매니저의 재간접펀드에 가입하면 같은 상품을 편입하고도 그렇지 않은 펀드매니저의 재간접펀드보다 저렴할 수 있다.

국내 일반 투자자는 편입한 펀드의 현지 운용사 보수내역까지는 아니더라도 전반적인 보수 수준 정보는 판매사를 통해 알아낼 수 있다. 기관 투자자 전용 클래스로 펀드들이 편입되어 있는지, 현지 운용 보수를 깎기 위해 별도로 협상을 했는지 정도는 확인 가능하다. 국내 펀드업계는 약간의 과장을 보태면 판매사가 왕처럼 군림한 상태이므로(엄밀히 말하면 투자자로부터 왕의 지위를 물려받았기 때문에) 판매사 직원이 운용사에 정보를 요청하면 펀드매니저와 운용사는 절대 무시할 수 없다.

펀드도 세금을
피할 수 없다

운용 보수, 수탁은행 수수료, 사무관리비용, 판매사 비용 등을 모두 제하고도 수익이 났다면 이제 세금을 거쳐갈 차례다. 우리나라는 국내 펀드를 육성하기 위해 해외 펀드를 과세한다. 2017년 해외 펀드 비과세 제도를 통해 3천만 원까지 한도를 정하고 판매하는 정부 '이벤트'도 있었지만 이는 일시적인 일이다. 해외 펀드는 수익에 대해 엄격하게 과세를 적용한다. 국내 펀드는 배당에만 15.4%가 적용되지만 해외 펀드는 배당과 양도 차익, 즉 수익에 15.4%의 세금이 적용되어 연 2천만 원 이상의 금융 소득이 발생할 경우 금

▶ 펀드의 세율

구분	세금 항목	세율
해외 주식	양도소득세	22%
일반 해외 펀드	배당소득세	15.4%
국내 설정 해외 ETF	배당소득세	15.4%
해외 설정 해외 ETF	양도소득세	22%
비과세 해외 펀드	면제	판매 종료

융종합과세 대상으로 분류된다. 이를 피하기 위해 고소득자는 해외 ETF에 투자해 22%의 양도소득세를 내고 금융종합과세를 피해가기도 한다. 따라서 매우 큰 자금을 운용할 때, 금융종합과세가 부담된다면 해외 설정 해외 ETF로 양도소득세 22%를 내는 옵션도 있다.

환헤지를 하는 게
더 유리할까?

환율의 변동에 따라 펀드 수익률도 변동될 수 있는데, 이를 고정시키는 게 바로 환헤지다. 그럼 과연 환헤지를 하는 게 유리할까, 불리할까?

해외 펀드에 가입하려고 보면 펀드명 뒤에 'H' 또는 'UH'라고 붙어 있는 경우가 있다. 펀드에서는 현지 주식이나 채권, 펀드 등에 투자할 때 현지 통화나 달러를 쓰게 된다. 이때 환율의 변동에 따라 펀드 수익률도 변동될 수 있는데, 이를 고정시키는 게 바로 환헤지다. 여기서 'H'가 헤지(Hedged)의 약어로 환헤지를 한다는 의미다. 'H'가 붙은 펀드는 환율이 고정되어 있어 환율 변동의 영향이 제한적이다(아예 없는 것은 아니다). 'UH'는 '언헤지(Unhedged)'의 약어로 환율에 따른 영향을 받도록 내버려둔다는 뜻이다. 환율에 따른 손실 리스크를 투자자가 감내한다는 의미도 포함된다.

환헤지형에
가입해야 할까?

여기서 알아야 할 부분은 환헤지를 한다고 해서 환율이 100% 고정되지 않는다는 점이다. 환헤지는 보통 선도와 선물을 활용해 운용하는데, 펀드의 적절한 환매를 위해 펀드 내 현금을 유동성으로 보유하게 된다. 펀드매니저에 따라 다르지만 대개 5~10% 수준의 현금이 펀드 내에 존재한다. 환헤지는 보통 펀드 전체 자금의 90~95% 수준에서 이루어진다. 가끔 투자설명서(주로 사모펀드)에 60%까지 열어둔 상품도 있는데 이는 언제든 탄력적으로 운용하겠다는 의지를 보인 것이니 반드시 유념해야 한다. 다시 말해 환율이 수익률에 유리한 방향으로 흘러갈 경우 환헤지를 적게 해 환율에서도 수익을 보겠다는 심산을 반영한 숫자라고 보면 된다. 물론 시장이 급박해지면 환헤지를 못할 수도 있어 넉넉히 열어두는 경우도 있지만 보통 전체 펀드 자산의 90% 수준에 맞춘다.

여기서 생기는 문제 중 하나가 바로 환헤지 비용이다. 예전 같으면 달러 환헤지를 할 경우 프리미엄을 받아 수익률에 도움이 되었을 수도 있다. 하지만 요즘같이 금리가 역전되고 원달러 환율 방향이 이전과 다른 모습을 보이는 상황에서는 오히려 비용을 지불해야 한다. 따라서 만약 시장에서 원화가 당분간은 약세, 달러가 강세로 갈 것이라 생각된다면 굳이 환헤지형에 가입할 필요가 없다.

하지만 달러가 약세 기조에 있고 원화가 강세 방향이라고 생각된다면 혹시라도 모를 리스크에 대비해 환헤지를 하는 것이 합리적이다.

환헤지에 대해 또 하나 생각해보아야 할 것은 이종통화[1]에 대한 부분이다. 중국 펀드가 보편화되면서 가입 시 달러에만 헤지하므로 50% 수준의 환헤지 효과를 볼 수 있다는 설명을 들어봤을 것이다. 원화에서 달러로, 달러에서 위안화로 환전 구조가 구성되어 있기 때문에 원화와 달러의 변동을 고정시키면 달러와 위안화 간의 변동만 열어두게 되어 50% 수준의 환헤지가 된다는 뜻이다. 하지만 이 또한 정확한 50% 환헤지는 아니다. 앞서 언급한 대로 펀드 내 환헤지 비율이 90%로 정확하게 맞추어지기 어려운데, 이는 중국 시장 특성상 변동성이 크고 자금 유출입이 잦아 환헤지 비중이 틀어지는 경우가 잦기 때문이다. 결정적으로 원화와 위안화 변동의 절반이 원달러 환율 변동과 일치하지 않는 경우가 많다. 위안화를 직접 환헤지하는 방법도 있지만 문제는 비용이다. 보통 달러에 비해 비싸다. 그래서 이종통화의 경우 앞서 언급한 50% 환헤지 방법을 쓰게 된다.

사실 필자는 개인적으로 해외 펀드에서 이종통화는 자연헤지(Natural Hedge)를 선호한다. 여러 지역에 장기투자할 때에 한하는

---

1 달러화에 대비되는 명칭이다. 위안화, 엔화, 유로화 및 신흥국 화폐를 포함한 다른 화폐를 이종통화라 부른다.

방법이지만 환으로 인한 손실을 효과적으로 막을 수 있다. 2~3년 간 여러 통화에 분산해서 투자할 경우 환율 간의 움직임이 서로 달라 환손실과 환이익이 번갈아가면서 나타나 결국 통화가 서로 간 헤지하는 결과로 이어진다. 이를 일컬어 자연헤지라고 한다. 정확하게 어느 정도 기간에 몇 개의 통화로 투자를 해야 자연헤지가 나타난다고 언급하기는 어렵지만, 경험상 2년 이상 3~4개 이상의 통화가 동시에 투자되면 환으로 인한 손실이나 이익이 운용 성과에 영향을 크게 주지 않았던 것 같다.

만약 이러한 자연헤지의 개념도 받아들이기 어렵다면 그냥 그 나라 펀더멘털만 고려하는 것도 나쁘지 않다. 환율이라는 것이 해당 국가의 재정수지, 경상수지, 물가, 통화 수요 등을 모두 포함한 집합체이기 때문에 나라의 발전 방향이 우상향이면 장기적으로 강세의 방향을 취한다. 물론 중간중간 달러의 방향이 변수가 되기는 하지만 큰 방향성에 변화를 주지는 못한다고 생각한다.

펀드매니저를
위한 담론

투자설명서를 보면 도대체 왜 이 펀드매니저에게 운용 보수를 줘야 하는지 의문이 들 때가 있다. 하지만 그들은 지금도 수익을 위해 싸우고 있다.

해외 펀드, 특히 재간접펀드의 투자설명서를 보면 '해외에서 자금을 직접 운용하는 매니저 마이클이 누군지는 알겠는데, 국내 운용사 김철수 펀드매니저는 누구일까?'라는 의문이 들 때가 있다. 도대체 김철수 펀드매니저는 무슨 일을 해서 운용 보수를 별도로 챙기는 걸까? 운용 보수, 즉 돈을 받았다는 건 김철수 펀드매니저가 놀고 있지 않다는 뜻이다. 그런데 현지 펀드에 100% 투자하는 재간접펀드에 투자할 때면 괜한 돈이 나간다는 느낌을 지울 수 없다. 물론 앞서 언급한 재간접펀드의 유형 중 여러 해외 펀드에 분산투자하는 유형은 국내 펀드매니저가 실제 시장 대응을 하는 것이기 때문에 운용 보수의 가치가 분명히 있다.

그렇다면 펀드 투자설명서에 기재되어 있던 단일 해외 펀드에 100% 투자하는 김철수 펀드매니저는 무슨 일을 할까? 그는 현지 운용 상황을 국내 투자자들에게 전하는 다리의 역할을 한다. 국내에 공모펀드로 등록하기 위해 이름만 공식적으로 올려놓고 펀드매니저 커리어를 쌓는 것이 아니라 마이클과 시장 상황을 공유하고, 시장 대응 상황을 국내 투자자와 소통하는 것이 가장 중요한 미션이다. 물론 연락이 닿지 않아 상황 파악이 어려울 수 있고 운용사에 따라 펀드매니저와 통화가 쉽지 않은 경우도 있지만 그건 그들이 잘못 처신하고 있는 것이다. 그들의 역량을 판가름하는 첫 번째 요인은 투자자와의 소통 여부다. 재간접펀드를 운용하는 펀드매니저라면 소통을 소홀히 해서는 안 된다.

놀고 있는 것 같지만 치열하게 싸우고 있다

김철수 펀드매니저 입장에서 가장 힘든 부분은 매매를 직접 하지 못하기 때문에 마이클이 도대체 무엇을 하고 있는지 세세히 알 수 없다는 점이다. 그나마 가장 잘 알 수 있는 매개체가 운용보고서 팩트시트(Factsheet)라는 것인데, 현지 운용사의 방침에 따라 특정

펀드매니저는 컨퍼런스콜이나 이메일 등을 통해 분위기와 운용 방향을 확인해 정보를 제공한다.

시기 이후에나 볼 수가 있다. 해외 운용사가 유난히 준법감시 체계가 엄할 경우 달이 넘어가도 볼 수 없는 경우도 있는데, 보통 해외 펀드매니저가 직접 쓰는 팩트시트가 해당 운용사의 준법 감시 체계의 승인을 받기 위해서는 2~3주 정도가 소요되는 것 같다. 결국 전월 운용내역을 알기 위해서는 2~3주씩 기다려야 하는 셈이다. 만약 그 안에 시장의 변동성이 급격히 확대되면 국내 투자자들 입장에서는 "도대체 뭐하는 거냐?"라고 따지는 것이 너무도 당연하다. 그래서 김철수 펀드매니저의 커뮤니케이션 업무는 매우 중요하다.

자료는 늦게 받더라도 컨퍼런스콜이나 이메일 등을 통해 틈틈이 분위기를 확인하고, 펀드매니저의 운용 방향을 확인하면 국내 투자자들에게 정보를 일찍 제공할 수 있는 여지가 생긴다. 하지만 이러한 업무도 펀드가 1개라면 쉽겠지만 여러 개의 펀드를 동시에 관리하고 있다면 결코 만만치 않다. 시차 때문에 밤낮이 바뀌는 일도 부지기수라 재간접펀드를 운용하는 펀드매니저에게 근무시간 준수는 참으로 어려운 이야기다.

다음으로 환헤지 업무가 있다. 모자 구조로 이루어진 해외 펀드, 즉 환헤지형과 환노출형은 김철수 펀드매니저가 관리하게 된다. 따라서 기계적인 환헤지가 이루어질 수도 있고 김철수 펀드매니저의 의지에 따라 유연하게 이루어질 수도 있다. 물론 대부분은 철저히 기계적으로 한다. 김철수 펀드매니저는 언제나 환율의 상황에 맞춰 최선을 다해 환헤지 비용을 절약하고 관리해 고객과의 약속이 어긋나지 않도록 노력해야 한다. 환노출이 되지 않도록 만전을 기할 의무가 있는 것이다. 환헤지 비용이 적은 금융기관을 찾아 비용을 줄여 수익률 제고에 최선을 다하는 등의 일 역시 환헤지 업무에 포함된다.

펀드의 자금 유출입을 관리하는 업무도 있다. 국내 투자자들은 끊임없이 가입과 환매를 반복한다. 따라서 들어온 자금을 현지 펀드에 투자하고 환매하는 일을 해주어야 한다. 환매가 들어왔는데 국내 펀드에서 내어줄 돈이 없다면 대형사고다. 고객은 그 돈을 받아 전세금으로 써야 할 수도 있고, 등록금을 내야 할 수도 있다. 재간접펀드뿐만 아니라 다른 종류의 펀드도 자금 유출입을 관리하는 건 중요한 일에 속한다. 만약 이를 제대로 관리하지 못할 경우 김철수 펀드매니저는 당장 내일부터 출근을 하지 못할 것이다.

한국인이 해외 주식을 잘 사고팔 수 있을까?

2015년에 있었던 일이다. 재간접펀드가 아닌 글로벌 운용사의 자문 서비스를 기반으로 하는 해외 주식투자 펀드를 운용할 때 가장 많이 들었던 질문은 "그래서 당신들이 한국에서 직접 해외 주식을 사고판다고요?"였다. 글로벌 고배당 주식에 투자하는 상품을 기획하고 출시한 2015년도 가을, 증권사 지점을 돌며 상품을 설명할 때 정말 많이 들었던 질문이다.

이렇게 생각하면 쉬울 것 같다. 2017년 한국 주식 시장을 보자. 외국인이 한국에 많은 투자를 한 덕분에 코스피가 3,000pt까지 갈 수도 있다는 희망을 가졌던 시기다. 지수 상승의 원인은 무엇일까? 긍정적인 반도체 시황에 따라 외국인이 삼성전자를 매수했기 때문이기도 하고, 신흥국 전반의 펀더멘털이 개선되면서 외국인들이 한국의 비중까지 확대했기 때문이기도 하다. 물론 원화도 안정적이었다. 만약 후자의 이유로 외국인이 투자를 했다고 가정해보자. 1만km 떨어진 그들의 입장에서 과연 한국 기업 중 어느 기업에 확신을 갖고 투자를 할 수 있을까? 약 2천 개의 상장 기업을 모두 들여다볼 수는 없는 노릇이다. 결국 삼성전자, 현대자동차, SK텔레콤 등 누구나 아는 기업을 놓고 결정할 수밖에 없다.

외국인이 글로벌 대기업 외에 중소형주 중에서 수익률을 끌어올릴 만큼 유동성이 있고 매력적인 주식을 찾을 수 있을까? 현지 사정을 모르는 외국인 펀드매니저 입장에서는 매우 어려운 일이다. 우리나라 정부 정책을 실시간으로 알 수도 없고, 물리적인 이유로 기업 탐방을 자주 갈 수도 없다. 국내 중견기업이 친절하게 외국인 투자자에게 컨퍼런스콜을 해주는 경우도 많지 않다. 결국 다 알고 정보 획득이 쉬운 확실한 기업(삼성전자 같은 기업)에 투자한다. 자연스러운 일이다.

그러면 입장을 바꿔보자. 2015년으로 다시 돌아가 당신이 국내 투자자라면 외국 주식을 직접 고를 수 있다고 주장하는 국내 펀드매니저를 과연 믿을 수 있을까? 애플, 구글, 아마존은 투자자가 직접 투자해도 된다. 굳이 펀드를 통해 투자할 필요가 없다는 뜻이다. 그러면 이렇게 다 아는 주식 말고 화끈하게 초과수익이 기대되는 해외 주식을 한국에 사는 한국인인 필자가 알고 있으리라고 선뜻 믿어줄 수 있을까? 어림없는 소리다. 그래서 필자는 그때 '무지'를 미리 인정하고 글로벌 자문사로부터 자문 서비스를 받는 상품을 기획했다. 모르는 것은 모른다고 하는 게 옳다고 생각했다. 그래서 필자가 모르기 때문에 잘 아는 전문가를 찾아 적절한 서비스 비용을 지불하는 게 합리적인 선택이라고 여겼다.

그런데 지금은 시대가 바뀌고 있다. 요즘은 중소형사를 포함한 신생 운용사에서도 직접 투자 및 운용을 지향한다. 물론 매우 뛰어난 펀드매니저를 보유해 그렇게 운용하는 것이라면 바람직하다. 예를 들어 '글로벌 ○○운용사에서 30년 근무한 베테랑 펀드매니저'가 국내에 돌아와 운용사를 차리고 글로벌 운용을 시작한다면 바람직한 현상이다. 그런데 아쉽게도 그런 사례가 없는 건 아니지만 매우 희박하다. 보통은 글로벌 운용사에게 지불하는 자문 서비스 비용이 아까워서, 아니면 고용된 펀드매니저가 당장 역량이 없으니 일단 부딪쳐야 한다는 돈키호테 같은 정신으로 직접 운용에 뛰어든다. 전자는 운용사가 회사 돈을 벌자고 투자자를 리스크에 노출시키는 형태이고, 후자는 펀드매니저가 본인 공부하자고 투자자를 벼랑 끝으로 내모는 형태다.

결국에는 투자자를 두고 실험하는 일이다. 왜 투자자가 실험실 쥐가 되어야 할까? 직접 운용을 반대하는 것은 아니다. 그저 해외 인프라와 펀드매니저의 역량이 충분하지 않은 상태에서 직접 운용에 나서고 있는 건 아닌지 우려될 뿐이다. 자신들의 한계와 역량을 솔직하게 사전에 고지하는 것이 옳다고 본다. 결국 펀드매니저의 돈이 아니라 투자자의 돈이니까 말이다.

투자는 평생을
함께하는 생활 습관이다

"이번에 오르면 꼭 빼야지." 얼마 전 만난 친구가 필자에게 한 말이다. 친구는 2018년 가을부터 국내 주식에 투자자금이 묶여 있어 아직까지 마음고생을 하고 있다며 불평을 쏟아냈다. 다시 회복할 수 있을 것 같던 코스피는 2,400pt를 눈앞에 두고 흘러내렸고, 덕분에 많은 이들이 추운 겨울을 보냈다. 반도체 시장의 활황에 힘입어 끝도 없이 상승할 것 같던 한국 주식에게 '배신의 계절'이 돌아온 것은 그리 놀라운 일이 아니지만, "이번에는 확실해!"라고 외치는 수많은 전문가들이 조용히 고개를 떨어트릴 수밖에 없는 상황이 연출된 건 안타까울 따름이다.

우리가 돈을 투자하는 시장이라는 곳은 살아 있는 유기체와 같아서 단순 지식으로만 접근하기에는 벅차다. 손에 잡힐 것 같은 여러 단서를 바탕으로 목표 수익률을 달성하는 게 뭐 그리 어렵냐고 핀잔을 주는 사람도 있지만, 막상 투자자가 되어 직접 상대해보면 참 어려운 게 시장이다. 그래서 시장에서 이겨도 보고, 죽을 뻔한 경험도 해본 사람들이 만들어낸 단어가 '장기 가치 투자'다. 아마도 정해진 시간에 목표한 수익률을 만들기 매우 어려워 '투자 기간을 길게 설정하고 비교적 싸게 사서 합리적인 수익을 취하자.'라고 생각한 것 같다.

대다수의 투자자들은 필자의 친구처럼 투자 기간과 리스크에 대한 고려를 심각하게 하지 않는다. 오직 수익률에만 집중한다. 하지만 시장은 너무도 변화무쌍해 결과를 담보하지 않는다. 이를 달리 생각해보면 투자자로서 결과를 예측하는 것 자체가 무의미한 일이라는 말이다. 따라서 투자자는 예상 수익률을 고민하기보다 그 수익률을 달성하기 위한 과정에 집중해야 한다. 오히려 원칙과 순서, 과정에 집중하는 것이 목표 수익률을 달성하는 지름길이 된다.

한국 주식에서 큰 손실을 본 친구의 매수 이유는 '반도체 시장의 상승이 지속될 것이다.', '제4차 산업혁명의 기대감이 더 커질 것이다.' 2가지였다. 하지만 그는 지난 10월 디램(DRAM) 가격이 흔들릴 때 국내 주식의 비중을 줄이지 않았다. 매수 이유 중 하나가 사라졌는데도 그냥 보유한 것이다. 목표 수익률이 아닌 과정에 조금 더 집중했다면 손실의 폭을 줄였을 것이고, 고점 논란이 사라지고 오히려 너무 많이 빠진 국내 주식을 저가에 매수할 수도 있었을 것이다.

"이번에 오르면 빼야지."라는 말을 돌이켜보자. 과연 이번은 언제이고, 코스피는 왜 다시 오를까? 투자자에게 수익률보다 더 필요한 고민이다. 이유를 못 찾는다면 투자 기간이 고통의 나날이 될 것이다. 나름대로 스스로를 설득할 수 있는 이유에 대해 고민해봐야 한다. 혼자서 안 되면 주변 사람을 만나고, 주변 사람에게서도 힌트를 못 찾는다면 전문가를 만나거나 공부를 해야 한다. 어떻게든 이유를 찾아야 기회를 기다릴 수 있고, 올랐을 때 팔 수 있다.

지금까지 투자의 올바른 과정과 순서, 원칙을 수립하는 방법을 다각도로 고민해보았다. 해외 주식에 제한된 이야기였지만, 한국 증시가 글로벌 증시의 영향을 크게 받고 있는 만큼, 해외 주식투자에 대한 고찰이 국내 주식에 접근할 때도 많은 도움을 줄 것이라 믿는다. 이제 여러분도 돈을 좇는 투자자가 아니라 돈을 다루는 투자자가 되기 위한 첫 번째 관문을 통과한 것이다. 이어지는 두 번째, 세 번째 관문도 무탈하기 바란다.

투자자가 모여 있는 시장은 유기체와 같이 오묘하기 그지없어

지식으로만 접근하기에는 우주처럼 복잡하다. '이거다!' 싶은 단서로 접근해도 소기의 목적을 달성하는 것조차 좀처럼 쉽지 않은 곳이 주식 시장이다. 그러나 시장의 원리를 이해하고 원칙의 중요성을 깨닫는다면 생각보다 쉽게 목표를 이룰 수 있다. 이 책의 목적이 바로 거기에 있다. 현명한 투자자라면 남이 잡은 물고기를 탐내기만 해서는 안 된다. 한두 번은 남의 물고기를 쉽게 얻을 수 있을지 몰라도 세 번, 네 번씩 요행을 바랄 수는 없다. 이 책을 통해 투자자가 직접 배를 타고 나가서 물고기떼가 있는 곳을 찾을 수 있게 되기를 바란다.

투자자도 결국은 사람인지라 지름길을 선호한다. 결론이 빨리 나오고 방법이 쉬워야 집중한다. 지름길을 일러주는 사람은 유능하다 치켜세우고, 원칙에 대해 논하는 사람은 답답하고 물정을 모르는 사람이라 치부한다. 하지만 정글처럼 얽힌 투자 시장에 언제나 우상향하는 주식은 없고, 영원한 승자도 없다. 유능한 사람이 무모한 사람이 될 수도 있고, 답답한 사람이 철저한 리스크 관리를 실천하는 현명한 사람이 될 수도 있다. 당신은 어떤 투자자인가? 그 전에 어떤 사람인가?

투자 패턴은 사람의 성격을 닮는다고 한다. 하지만 돈이 사람을 탐욕스럽게 만들기도 하고, 반대로 돌다리도 일일이 두드리면서

건너는 보수적인 사람으로 만들 수도 있다. 피땀 흘려 번 돈을, 소중한 자신의 자산을 지키고 싶은 마음은 누구나 매한가지이기 때문이다. 장기적으로 보면 안전하게 지키다가 기회가 왔을 때 자산을 적절히 확대해 나아가는 전략이 낫다고 본다. 일확천금의 꿈은 말 그대로 꿈일 뿐이다. "결국 은행 예금만도 못하네."라는 한숨 섞인 탄식을 하지 않기 위해서는 '지키는 투자'가 답이요, 과정에 충실한 원칙주의에 입각한 투자가 답이다. 1~2년만 내다볼 게 아니라면 반드시 폭넓고 거시적인 자세로 평생을 걸쳐 투자에 임해야 한다. 그래서 현명한 투자자는 초심을 잃지 않는다.

사람들의 마음은 변한다. 투자 여건도 순간순간 달라진다. 이들이 모여 있는 시장을 가까이서 보면 너무 변화무쌍해 정신이 아득하다. 가까이서 보면 어떤 자산은 10배 오르고, 어떤 자산은 20배 떨어지는 것이 보인다. 아니, 사실은 오르는 것만 보인다. 하지만 간과하지 말아야 할 건, 두더지 게임에서 늦게 뻗은 방망이가 허망하게 허공을 가르듯 투자 자금도 그렇게 허무하게 사라져버릴 수 있다는 것이다.

여러분은 언제까지 투자할 것인가? 아직도 제한된 기간을 대답해서는 안 된다. 투자는 생을 마감할 때까지 평생을 함께하는 생활 습관이다. 장기투자라는 말로도 부족하다. 자신만의 원칙을 세워 꾸준히 방법을 연구해야만 한다. 더 이상 남의 말에 이끌려 상품에 가입하고 원망하는 삶을 살지 말자. 남이 우리의 미래를 책임져주지 않는다. 지금이라도 늦지 않았으니 시장의 주인이 될 수 있도록 노력해보자.

황호봉

해외 주식투자를
시작하는 방법

해외 주식은 말 그대로 해외 주식 시장에서 거래되는 주식을 말한다. 국내 주식과 큰 차이는 없지만, 국내 기업에 한정되지 않고 글로벌 기업의 주식을 거래할 수 있다는 점에서 상이하다. 우리나라 주식 시장은 전 세계 주식 시장의 약 2% 규모밖에 되지 않는다. 따라서 해외 주식에 투자하지 않는다는 건 98%를 외면한 채 2%에만 집중한다는 것과 같다.

이 책은 해외 주식에 투자하려는 투자자들에게 혜안과 기본적인 접근 방법, 자세, 전략 등을 소개하고자 집필되었다. '해외 주식은 위험하지 않아?'라는 편견이 만들어진 건 기초적인 지식조차 없이 투자를 시작한 사람들의 실패담이 퍼졌기 때문이다. 시장에 맞서지 말고, 겸손한 자세를 잃지 말고, 조심스럽게 접근하기 바란다.

해외 주식에
투자하는 방법

해외 주식에 투자하는 방법은 크게 사고자 하는 나라의 주식을 개인이 직접 사는 방법(①), 사고자 하는 나라의 주식과 관련된 펀드에 투자하는 방법(②), 사고자 하는 나라와 관련된 ETF 등(③)이 있다.

1. 해외 증권계좌 개설

②, ③에 대해선 본문에서 언급했고, ①에 대해 간단히 이야기하겠다. 국내 주요 증권사를 방문하거나 PC 및 스마트폰을 통해 비대면으로 해외 증권계좌를

🔍 메뉴를 검색해 주세요. 🎤	📋공지 ⏻

나무증권 애플리케이션 화면

국내/해외 주식	금융상품	디지털 자산관리	계좌/이체 청약/대출	안내/문의 등록/설정
관심/추천종목	해외주식			
종목검색	해외주식 현재가			
국내주식	해외주식 주문			
해외주식	해외주식 예약주문			
선물옵션	해외주식 잔고/손익			
기타시장	해외주식 체결내역			
투자정보	해외주식 거래내역			
	해외주식 글로벌적립식			
	환전신청/내역			
	논스톱매매신청/내역			
	논스톱매매사용가능금액			

←   ⌂ 홈   👤 인증센터   ⚙ 설정   ⎋ 로그아웃

개설한다. 참고로 원하는 해외 주식의 거래가 불가능할 수도 있으니 가능 여부를 미리 확인하기 바란다. 최근에는 다양한 증권사에서 비대면 계좌를 통해 증권사 방문 없이 관련 절차를 끝낼 수 있다. 여기서는 나무증권 애플리케이션을 사례로 활용하겠다. 접근성이 좋아진 만큼 해외 주식투자로 손해를 보는 개인 투자자들도 많아졌는데, 해외 주식에 투자하기 전에 반드시 관련 공부가 선행되어야 한다.

2. 원화 입금 및 환전

해외 주식을 매매하려면 원화를 입금한 후 환전하면 된다. 대상 국가의 통화로 환전을 하고 나면 해외 주식투자를 위한 준비가 끝난 것이다. 주식을 매매하고

나무증권 애플리케이션 화면.
환전 역시 비대면으로 가능하다.

매수하는 과정은 국내 주식을 거래하는 과정과 동일하다. 다만 온라인이나 모바일로 전 세계 주식을 다 거래할 수 있는 건 아니다. 대부분 미국, 일본, 중국 주식 위주로만 거래가 가능하다. 아세안 지역 역시 수요가 많은 베트남, 인도네시아 주식 등만 거래가 가능하다(증권사별로 다르다).

3. 매수 주문

환전을 마쳤다면 이제 매수 주문을 하면 된다. 비대면 상태에서 실시간으로 할 수 있으며, 오프라인으로 거래하기를 원한다면 가까운 지점에 방문하면 된다. 애플, 아마존 등 누구나 쉽게 해외 글로벌 기업의 주식을 자유롭게 거래할 수 있다.

나무증권 애플리케이션 화면.
애플 등 글로벌 기업의 주식을
자유롭게 거래할 수 있다.

최근 미국 주식에 대한 관심이 커진 이유는 국내 주식과 달리 분기 배당을 실시하는 기업이 많기 때문이다(월 단위로 배당하는 기업도 있다). 물론 배당을 떠나 글로벌 기업의 주주가 될 수 있다는 것만으로 큰 메리트가 있다. 하지만 투자의 원칙을 지키지 않고, 과정과 순서를 놓치면 손해를 볼 수 있어 유의해야 한다. 쉽게 생각해서는 안 된다.

거래수수료와
세금에 유의하자

국내 주식은 투자금액과 관계없이 0.01%의 수수료만 부담하면 되지만, 해외 주식은 0.25~0.5%의 수수료(국가별로 상이)를 부담해야 한다. 온라인 거래와 오프라인 거래(증권사 방문 거래 또는 전화 거래)의 수수료가 다른 경우가 많은데 보통 전자가 더 저렴하다.

국내 주식은 주식 거래 활성화를 위해 수익에 대한 양도소득세가 부과되지 않는다. 하지만 해외 주식의 매매 차익에 대해서는 양도소득세가 부과된다. 양도 차익에 대해 연간 250만 원의 기본공제를 차감한 후 22%의 세율이 적용된다. 헷갈리지 않게 '개별 종목 양도 차액'에 부과되는 게 아니라, '연간 거래한 모든 차액'에 부과된다고 기억하자. 해외 주식은 배당소득세도 15%에 달한다(미국 주식 기준). 국내 주식도 배당에 대해서는 15%가량의 세금을 부과하므로 이 부분에서는 동일하다고 볼 수 있다.

지금까지 해외 주식투자 방법에 대해 간단히 알아보았다. 해외로 눈을 돌리면 더 많은 선택지가 펼쳐진다. 사실 불과 몇 년 전까지만 해도 해외 주식에 투자하는 개인 투자자는 극소수였다. 거래수수료가 매우 비쌌고 접근성도 낮았기 때문이다. 하지만 그 벽이 허물어지면서 이제 개인 투자자도 해외 주식을 자유롭게 거래할 수 있게 되었다. 증권사들이 거래수수료를 낮추고, 거래 시스템을 도입하고 개편했기 때문이다. 그러나 다시 강조하지만 기초적인 지식조차 없이 투자를 시작하면 실패할 수밖에 없다. 리스크 없는 투자는 없다. 하지만 원칙과 순서를 견지하고, 시장에 발 빠르게 대응한다면 리스크를 최소화할 수 있다.

해외 주식투자의 정석

초판 1쇄 발행 2019년 3월 20일
초판 2쇄 발행 2019년 4월 23일
지은이 황호봉
펴낸곳 원앤원북스
펴낸이 오운영
경영총괄 박종명
편집 이광민 · 최윤정 · 김효주 · 채지혜
마케팅 안대현
등록번호 제2018-000058호(2018년 1월 23일)
주소 04091 서울시 마포구 토정로 222 한국출판콘텐츠센터 306호(신수동)
전화 (02)719-7735 | **팩스** (02)719-7736
이메일 onobooks2018@naver.com | **블로그** blog.naver.com/onobooks2018
값 17,000원
ISBN 979-11-89344-59-7 03320

이 도서의 국립중앙도서관 출판예정도서목록(CIP)은 서지정보유통지원시스템 홈페이지(http://seoji.nl.go.kr)와 국가자료공동목록시스템(http://www.nl.go.kr/kolisnet)에서 이용하실 수 있습니다.(CIP제어번호: CIP2019007076)

* 원앤원북스는 독자 여러분의 소중한 아이디어와 원고 투고를 기다리고 있습니다.
  원고가 있으신 분은 onobooks2018@naver.com으로 간단한 기획의도와 개요, 연락처를 보내주세요.